轻松过关® 2

2023年会计专业技术资格考试

名师好题

中级经济法

（下册）

苏 苏 主编

东奥会计在线 编

北京科学技术出版社

目录
CONTENTS

第三部分　近10年经典大题精析

第四部分　「大题」主观题精刷篇

第三部分

近 10 年经典大题精析

专题一　公司和证券法律制度

命题思路及解题技巧

一、近10年考情分析

重要考点	考试年度	考查侧重
公司担保事项	2021年（卷2综） 2019年（卷1简） 2016年（卷1简） 2015年简	对外提供担保
出资	2022年（卷2简） 2020年（卷1简） 2019年（卷2简） 2018年（卷2简） 2017年（卷1综） 2017年（卷2简）	（1）非货币性资产出资 （2）出资责任 （3）出资方式
组织机构的设置和职权	2021年（卷2综） 2019年（卷1简） 2017年（卷1综）	（1）监事会的组成 （2）股东会的职权 （3）小公司的组织机构设置
会议制度	2021年（卷2综） 2021年（卷3简） 2018年（卷2简） 2017年（卷1综） 2016年（卷1简） 2015年简	（1）有限责任公司的股东会——临时会议、特别决议、召集 （2）上市公司董事会关联表决权排除制度

重要考点	考试年度	考查侧重
股东和股东权利	2022 年（卷 1 综） 2022 年（卷 2 综） 2021 年（卷 1 简） 2021 年（卷 2 综） 2018 年（卷 1 简） 2018 年（卷 2 简）	（1）股东代表诉讼 （2）知情权 （3）名义股东和实际出资人 （4）表决权
股权转让	2022 年（卷 1 简） 2022 年（卷 3 简） 2021 年（卷 1 简） 2021 年（卷 2 综） 2019 年（卷 2 简）	（1）自愿转让 （2）异议股权回购
股份转让	2020 年（卷 2 简） 2017 年（卷 2 简）	（1）股份转让的限制 （2）短线交易
董事、监事和高级管理人员	2019 年（卷 1 简） 2017 年（卷 2 简） 2016 年（卷 1 简）	（1）董事、高管的忠实义务 （2）董事、监事和高管的任职资格 （3）独立董事的任职资格

二、命题思路

本专题年年出题，看似内容庞杂，但其实重点突出。简答题主要命题的方向为“出资、股东和股权（股份）、组织机构及会议制度”；综合题则为上述内容的拼盘，或者结合其他章考查。

三、解题技巧

第一，平时记忆时需要严格区分有限责任公司和股份有限公司的不同，养成读题时“先识别公司类型，再回答”的习惯。

第二，答题时并非要求一字不差，但关键词缺一不可。公司法部分容易遗漏小细节，所以需要细心、细心、再细心。

经典考题精讲

扫码做题、对答案

使用“会计云课堂”App扫码快速做题、对答案、看解析、掌握解题思路，开启轻松过关之旅。

2022年简答题1

2018年8月，赵某、钱某、孙某和李某各出资100万元，设立甲有限责任公司（以下简称“甲公司”），四名股东各持股25%，公司章程对股东表决权、股权转让及股权继承未作特别规定，全体股东亦未作特别约定。

2021年9月，赵某因病去世，其女儿周某作为唯一继承人要求继承赵某所持公司全部股权。钱某不同意该股权继承，向周某主张行使优先购买权，提出按照市场公允价值200万元购买该股权，遭到周某拒绝，钱某向人民法院提起诉讼，请求行使优先购买权。

建关系　读完材料第1、2自然段，建立“关系图”。

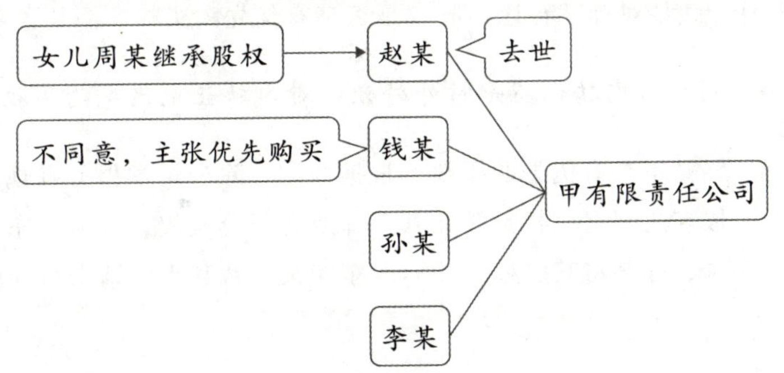

提问1：

2021年9月，钱某请求行使优先购买权，人民法院是否应予支持？简要说明理由。

思考路径　第一步，判断是交易还是非交易：若为非交易，如继承，则无优先购买权，除非另有章程规定或全体股东的约定；

第二步，若为交易，判断是对内转让还是对外转让：对内转让无优先购买权；对外转让优先购买权的适用前提须为同等条件。

参考答案　法院不予支持。根据规定，有限责任公司的自然人股东因继承发生变化时，其他股东主张行使优先购买权的，人民法院不予支持，但公司章程另有规定或者全体股东另有约定的除外。本题中，在公司章程没有另外规定、全体股东没有另外约定的情况下，自然人股东赵某死亡后，其合法继承人周某可以直接继承股东资格，钱某无权请求行使优先购买权。

2022年2月，孙某为儿子购买婚房缺少资金，遂与李某签订股权转让协议，将其所持甲公司10%的股权以120万元的价格转让给李某，钱某得知后，不同意该股权转让，主张按照相同条件行使优先购买权或购买孙某所持甲公司5%的股权，遭到孙某拒绝。

建关系 读完材料第3自然段，再次建立"关系图"。

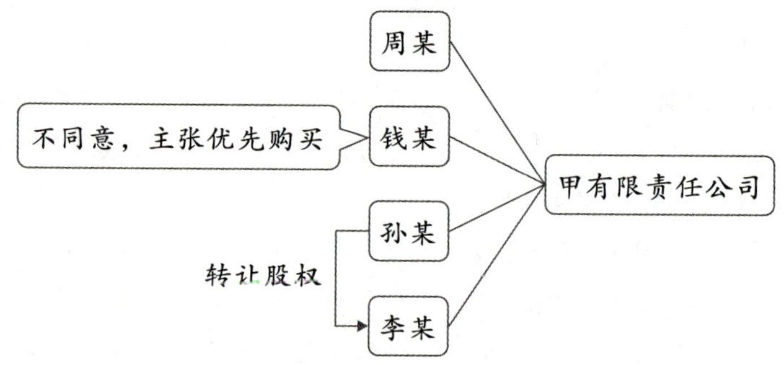

提问2：

2022年2月，钱某对孙某转让的股权是否享有优先购买权？简要说明理由。

思考路径 判断对内转让还是对外转让：对内转让无优先购买权。

参考答案 钱某不享有优先购买权。根据规定，除公司章程另有规定外，有限责任公司的股东之间可以相互转让其全部或者部分股权，其他股东无优先购买权。在本题中，孙某将其股权转让给股东李某，钱某无权请求行使优先购买权。

2022年5月，因孙某与其他股东在经营理念上的差异越来越大，其他股东在甲公司股东会会议上一致通过甲公司分立的决议，由孙某独立持有一家小公司，其他股东留在甲公司。孙某不愿独立经营，对该项决议投了反对票，甲公司股东会依法通过了公司分立决议。孙某因此对甲公司经营心灰意冷，遂要求甲公司以合理的价格收购股权，以退出公司。

提问3：

2022年5月，孙某是否有权请求甲公司以合理价格收购其股权？简要说明理由。

思考路径 第一步，区分有限责任公司的异议股权回购请求权和股份有限公司的异议股份回购请求权的适用情形。

第二步，答题关键词：情形+反对票。

参考答案 孙某有权请求公司收购其股权。根据规定，对有限责任公司合并、分立等决议投反对票的股东可以请求公司按照合理的价格收购其股权，退出公司。在本题中，孙某对公司分立的决议投了反对票，有权请求甲公司以合理价格收购其股权。

2022 年简答题 2

2020 年 8 月 21 日，甲有限责任公司（以下简称“甲公司”）由赵某、钱某、孙某和乙公司实缴出资设立。赵某以一套商铺评估作价 200 万元出资，钱某以一组机器设备评估作价 100 万元出资，孙某以货币 40 万元出资，乙公司以土地使用权评估作价 90 万元出资。甲公司章程规定股东按照出资比例行使表决权和分红权，对其他事项未作特别规定。

2021 年 9 月 8 日，甲公司向丙公司采购一批货物，约定一个月内支付 1000 万元货款。2021 年 10 月 8 日，丙公司了解到甲公司的经营状况不佳，遂要求甲公司尽快支付货款。甲公司表示账面仅有 200 万元，无力支付全部货款，请求丙公司宽限几个月。丙公司拟请求甲公司提供担保，调查后发现：（1）赵某虽然于 2020 年 9 月 1 日将上述商铺交付甲公司使用，但一直未办理不动产物权转移登记手续；（2）钱某出资的机器设备因为市场变化发生贬值，2021 年 10 月的公允价值仅为 50 万元；（3）乙公司的出资形式为划拨土地使用权。

建关系 读完材料第 1、2 自然段，建立“关系图”。

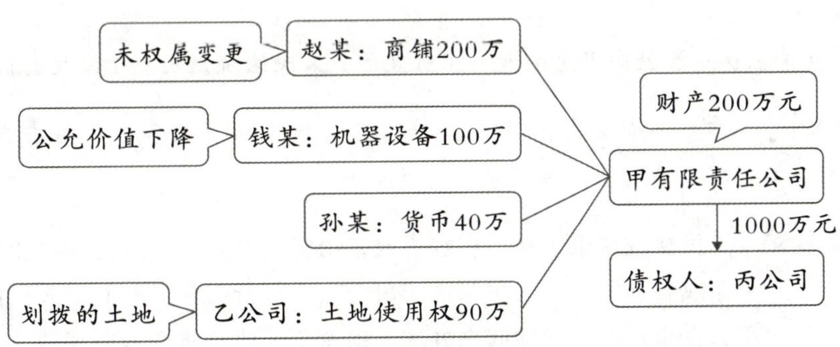

2021 年 10 月 20 日，丙公司向人民法院提起诉讼，请求：（1）认定赵某未履行出资义务，要求其补足出资；（2）认定钱某出资额为 50 万元，要求其补足出资；（3）认定乙公司未全面履行出资义务，要求其全面履行出资义务。

人民法院审理后，责令赵某和乙公司于 15 日内予以纠正。在该期限内，赵某办理了权属变更手续，乙公司未办理土地变更手续。

提问 1：

丙公司请求认定赵某未履行出资义务，人民法院是否应予支持？简要说明理由。

思考路径 ①看“主体”：公司、其他股东或者公司债权人有权提出主张；

②看“给机会”：不能直接认定未履行出资义务，要看在合理期间内有无办理权属变更手续。

参考答案 人民法院不予支持。根据规定，出资人以房屋出资，已经交付公司使用但未办理权属变更手续，公司、其他股东或者公司债权人主张认定出资人未履行出资义务的，人民法院应当责令当事人在指定的合理期间内办理权属变更手续；在前述期间内办理了权属变更手续的，人民法院应当认定其已经履行了出资义务。在本题中，赵某在人民法院指定的合理期间内办理了权属变更手续，人民法院应当认定其已经履行了出资义务。

提问 2：

丙公司请求钱某补足出资，人民法院是否应予支持？简要说明理由。

思考路径 第一步，判断是“出资时”出资不实还是“出资后”财产的贬值。

第二步，关于出资后财产贬值的处理是否当事人另有约定。

参考答案 人民法院不予支持。根据规定，出资人以符合法定条件的非货币财产出资后，因市场变化或者其他客观因素导致出资财产贬值，公司、其他股东或者公司债权人请求该出资人承担补足出资责任的，人民法院不予支持，但当事人另有约定的除外。

提问 3：

丙公司请求认定乙公司未全面履行出资义务，人民法院是否应予支持？简要说明理由。

思考路径 看“给机会”：不能直接认定未履行出资义务，要看在合理期间内有无办理土地变更手续。

参考答案 人民法院应予支持。根据规定，出资人以划拨土地使用权出资，公司、其他股东或者公司债权人主张认定出资人未履行出资义务的，人民法院应当责令当事人在指定的合理期间内办理土地变更手续；逾期未办理的，人民法院应当认定出资人未依法全面履行出资义务。在本题中，乙公司未在人民法院指定的合理期间内办理土地变更手续，人民法院应当认定其未依法全面履行出资义务。

2022年简答题 3

甲有限责任公司（以下简称“甲公司”）由乙公司、丙公司、丁公司和陈某出资设立，4位股东各持股25%，甲公司章程对股权转让未作出特别规定，2021年6月1日，丙公司因生产经营需要大量资金，与戊公司就股权转让事项签订合同，约定丙公司将其所持有甲公司的全部股权以3000万元的价格转让给戊公司，戊公司于合同生效之日起3日内支付价款，合同以甲公司其他股东同意转让为生效条件。

2021年6月2日，丙公司同时向乙公司、丁公司以及陈某送达股权转让通知，征求3位股东意见。

2021 年 6 月 8 日，陈某表示愿意以 1500 万元优先购买丙公司所持股权的 50%。

2021 年 6 月 10 日，乙公司提出愿意以同等条件购买丙公司所持有的全部股权，丁公司一直未表态，由于通过银行贷款解决了生产经营的资金需求，2021 年 6 月 20 日，丙公司决定放弃转让股权并通知了其他股东及戊公司。

建关系　读完材料第 1~4 自然段，建立“关系图”。

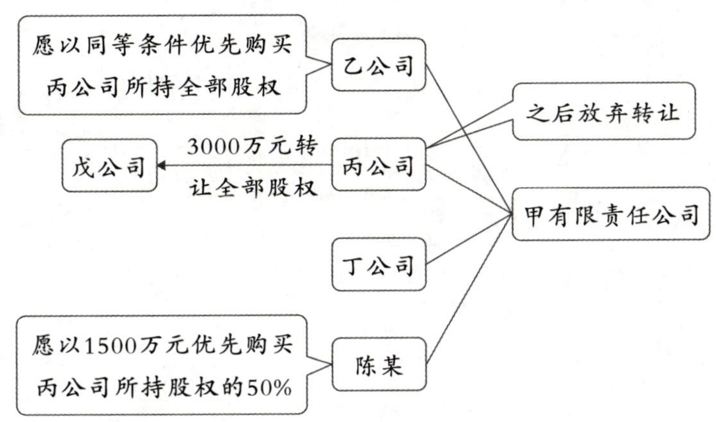

2021 年 6 月 21 日，乙公司向人民法院提起诉讼，请求优先购买丙公司所持股权。

提问 1：

2021 年 6 月 8 日，陈某能否以 1500 万元优先购买丙公司所持股权的 50%为条件行使优先购买权？简要说明理由。

思考路径　同等条件要综合判定，不能仅考虑价格。

参考答案　2021 年 6 月 8 日，陈某不能以 1500 万元优先购买丙公司所持股权的 50%为条件行使优先购买权。根据规定，经股东同意转让的股权，在同等条件下，转让股东以外的其他股东有权主张优先购买权，人民法院在判断是否符合“同等条件”时，应当考虑转让股权的数量、价格、支付方式及期限等因素。

提问 2：

2021 年 6 月 21 日，乙公司请求优先购买丙公司所持股权，人民法院是否予以支持？简要说明理由。

思考路径　只要章程未作规定或者全体股东未作约定，转让股东可以反悔。

参考答案　人民法院不予支持。根据规定，有限责任公司的转让股东，在其他股东主张优先购买后又不同意转让股权的，对其他股东优先购买的主张，人民法院不予支持，但公司章程另有规定或者全体股东另有约定的除外。

2021 年 7 月 5 日，在人民法院审理乙公司案件期间，戊公司向丙公司提出愿意以 4000 万元的价格购买丙公司所持甲公司的全部股权，丙公司考虑其他股东不可能出如此高价，遂直接与戊公司签订股权转让合同，并在市场监督管理机关办理了股权变更登记。

2021 年 7 月 8 日，丁公司在得知此事后向人民法院提起诉讼，请求按照同等条件购买丙公司转让的股权。

建关系 读完材料第 6、7 自然段，再次建立“关系图”。

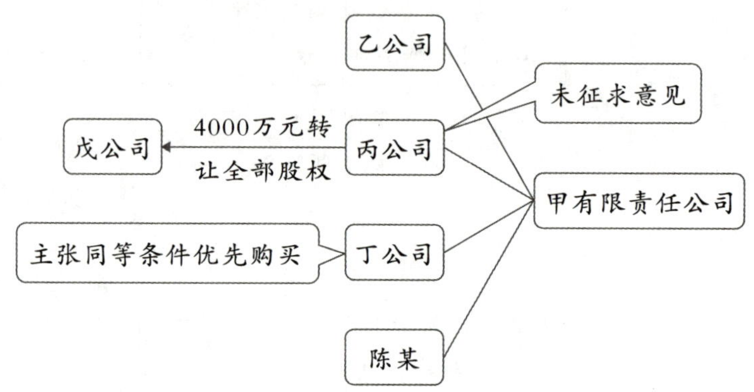

提问 3：

2021 年 7 月 8 日，丁公司请求按照同等条件购买丙公司转让的股权，人民法院是否予以支持？简要说明理由。

思考路径 ①看主张：可以主张按照同等条件优先购买，不得仅提出确认股权转让合同及股权变动效力；

②看时间：知道同等条件起 30 日内+股权变更登记之日起 1 年内。

参考答案 人民法院予以支持。有限责任公司的股东向股东以外的人转让股权，未就其股权转让事项征求其他股东意见，损害其他股东优先购买权的，其他股东主张按照同等条件购买该转让股权的，人民法院应当予以支持，但其他股东自知道或者应当知道行使优先购买权的同等条件之日起 30 日内没有主张，或者自股权变更登记之日起超过 1 年的除外。

2021 年简答题 1

赵某、钱某等 5 位股东设立甲有限责任公司（以下简称“甲公司”），赵某持有该公司 1.7%的股权。鉴于甲公司连续 7 年盈利且符合法定利润分配条件，但均未向股东分配利润，赵某书面提出查阅公司账簿的请求，甲公司拒绝，理由是赵某的持股比例太低，无权查阅公司账簿。

提问 1：

甲公司拒绝赵某查阅公司账簿，是否符合法律规定？简要说明理由。

思考路径 第一步，判断公司类型：有限责任公司的股东有权查阅公司账簿，股份有限公司的股东无权查阅公司账簿。

第二步，判断提出形式：要求书面形式。

第三步，不正当目的的范围：①有实质性竞争关系；②向他人通报+可能损害公司利益；③三年内向他人通报+损害公司利益。

参考答案 甲公司拒绝赵某查阅公司账簿不符合规定。根据规定，有限责任公司的股东有权要求查阅公司会计账簿。股东要求查阅公司会计账簿的，应当向公司提出书面请求，说明目的。公司有合理根据认为股东查阅会计账簿有不正当目的，可能损害公司合法利益的，可以拒绝提供查阅。在本题中，甲公司拒绝理由系赵某持股比例太低，不属于“不正当目的”之情形。

2020 年 5 月，股东钱某意欲退出公司并与非股东孙某就股权转让事宜进行磋商，确认按价格 120 万元、现金支付方式转让其全部股权。钱某将上述详情书面通知赵某和其他股东征求同意。其他股东均同意，赵某要求行使优先购买权，并提出以市场价格为 120 万元的名下房产换取钱某的股权。钱某予以拒绝，并将股权转让给了孙某。

建关系 读完材料第 2 自然段，建立“关系图”。

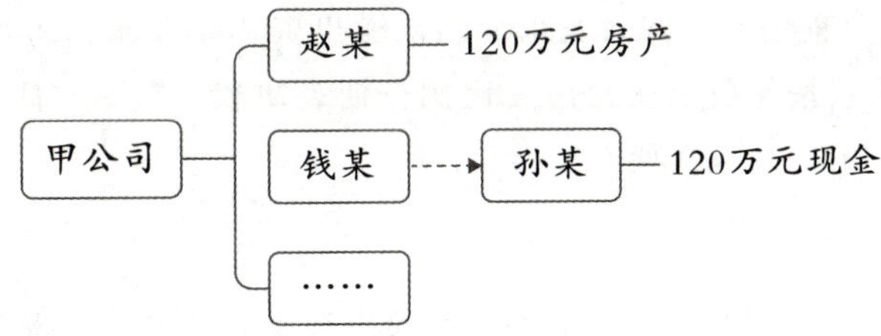

提问 2：

钱某将股权转让给孙某而非赵某，是否符合法律规定？简要说明理由。

思考路径 第一步，判断公司章程对股权转让是否另有规定：先看规定，再看法定。

第二步，判断对内转让还是对外转让：对内转让直接可以，对外转让其他股东过半数同意。

第三步，优先购买权的要求：①对外转让时，股东一般有优先购买权；②同等条件（考虑转让股权的数量、价格、支付方式及期限等）。

参考答案 钱某将股权转让给孙某而非赵某符合规定。根据规定，经股东同意转让的股权，在同等条件下，其他股东有优先购买权。在本题中，孙某系以现金形式支付，而赵某系以市场价格为 120 万元的房产支付，属于不同的支付方式，不构成“同等条件”。股权转让钱某已征求其他股东同意，钱某有权将股权转让给孙某。

2020 年 6 月，甲公司股东会会议决定，虽然 2019 年度公司盈利且符合利润分配条件，但是为了扩大再生产，2019 年度的利润不作分配。赵某在该次股东会会议上投票反对，并于 7 月初请求甲公司收购其股权。

提问 3：

赵某是否有权请求甲公司收购其股权？简要说明理由。

思考路径 第一步，区分有限责任公司的异议股权回购请求权和股份有限公司的异议股份回购请求权的适用情形。

第二步，答题关键词：情形+反对票。

参考答案 赵某有权请求甲公司收购其股权。根据规定，有限责任公司连续 5 年不向股东分配利润，而公司该 5 年连续盈利，并且符合公司法规定的分配利润条件的，对股东会该项决议投反对票的股东可以请求公司按照合理的价格收购其股权。在本题中，甲公司连续 7 年盈利且符合法定利润分配条件，但均未向股东分配利润，在股东会上投反对票的股东赵某有权请求甲公司按照合理的价格收购其股权。

2021 年简答题 2

2017 年 7 月 1 日，赵某、钱某、孙某、李某四人拟设立甲有限责任公司（以下简称“甲公司”）。公司章程记载，四名股东分别认缴出资 400 万元、300 万元、200 万元和 50 万元，公司股东会会议按照股东认缴出资比例行使表决权。7 月 5 日，因孙某组织能力强，由孙某召集和主持甲公司首次股东会会议。

提问 1：

2017 年 7 月 5 日，甲公司首次股东会会议由孙某召集和主持是否符合法律规定？简要说明理由。

思考路径 看清是首次股东会会议还是以后的股东会会议：首次的由出资最多的股东召集和主持，以后的首选由董事会召集、董事长主持。

参考答案 甲公司首次股东会会议由孙某召集和主持不符合规定。根据规定，有限责任公司首次股东会会议由出资最多的股东召集和主持。在本题中，赵某出资最多，首次股东会会议应当由赵某召集和主持。

2020 年 7 月，甲公司召开股东会会议，决定公司不设董事会，由赵某担任执行董事；公司不设监事会，由李某担任监事。根据公司章程规定，赵某任命钱某担任经理、孙某担任财务负责人。

2021 年 3 月，因公司出现重大亏损，李某提议召开股东会临时会议。执行董事赵某认为李某持股比例未达十分之一，无权提议召开股东会临时会议，故予以拒绝。

建关系　读完材料第 1~3 自然段，建立“关系图”。

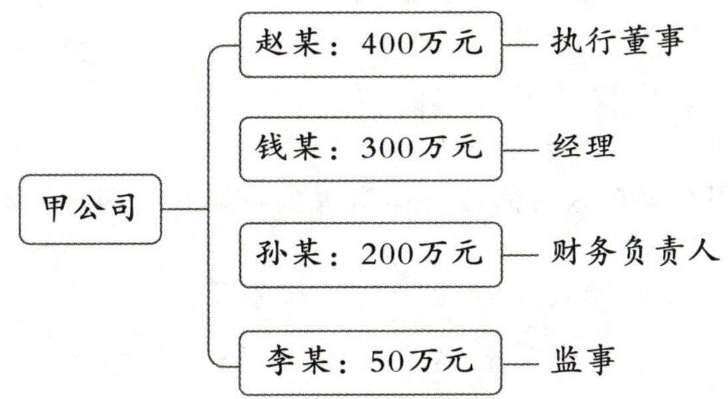

提问 2：

2021 年 3 月，李某提议召开股东会临时会议是否符合法律规定？简要说明理由。

思考路径　第一步，看清公司类型，区分有限责任公司临时股东会和股份有限公司临时股东大会的召开情形。

有限责任公司临时股东会	①代表 1/10 以上表决权的股东提议召开 ②1/3 以上的董事提议召开 ③监事会或者不设监事会的公司的监事提议召开
股份有限公司临时股东大会	①董事人数不足公司法规定人数或者公司章程所定人数的 2/3 时 ②公司未弥补的亏损达实收股本总额的 1/3 时 ③单独或者合计持有公司 10%以上股份的股东请求时 ④董事会认为必要时 ⑤监事会提议召开时

第二步，若牵涉表决权，需要表述表决权的确定规则。

参考答案　李某提议召开股东会临时会议符合规定。根据规定，代表 1/10 以上表决权的股东、1/3 以上的董事、监事会或者不设监事会的公司的监事提议召开股东会临时会议的，应当召开临时会议。有限责任公司股东会会议由股东按照出资比例行使表决权；但是，公司章程另有规定的除外。在本题中，李某出资比例仅为 5.26% ［50÷（400+300+200+50）= 5.26%］。由于公司章程规定公司股东会会议按照股东认缴出资比例行使表决权，因此李某的表决权为 5.26%，不符合“代表 1/10 以上表决权的股东”之法定条件。但是，由于甲公司未设监事会，李某作为监事，可以提议召开股东会临时会议。

（简化版回答：符合规定。根据规定，有限责任公司监事会或不设监事会的公司的监事可以提议召开股东会临时会议。在本题中，由于甲公司未设监事会，李某是监事，可以提议召开股东会临时会议。）

2021 年 5 月，在公司年度股东会会议上，李某认为四名股东的出资均未实缴，使公司资金周转困难，故提议修改公司章程，提高股东实缴出资比例。钱某和孙某表示同意，赵某表示反对。

提问 3：

2021 年 5 月，甲公司股东会修改公司章程的决议是否通过？简要说明理由。

思考路径 第一步，确定是否为特别决议事项。

第二步，判断是什么类型的公司：有限责任公司的特别决议基数为**全部股东的表决权**，股份有限公司的特别决议基数为**出席会议的股东的表决权**。

第三步，回答“决议是否通过”的题目需要**表述表决权的确定规则**。

参考答案 甲公司股东会修改公司章程的决议不能通过。根据规定，股东会会议作出修改公司章程的决议，必须经代表 2/3 以上表决权的股东通过。有限责任公司股东会会议由股东按照出资比例行使表决权；但是，公司章程另有规定的除外。在本题中，李某、钱某和孙某表示同意，占表决权 57.89% [（300+200+50）÷（400+300+200+50）= 57.89%]，故决议不能通过。

2021 年综合题

2019 年 1 月 10 日，甲有限责任公司（以下简称“甲公司”）与赵某、钱某、孙某、李某分别认缴出资 300 万元、350 万元、280 万元、100 万元和 20 万元成立乙有限责任公司（以下简称“乙公司”）。乙公司章程规定公司设立董事会，不设立监事会；对股东会会议的议事方式、表决程序和对外担保、股权转让等事项均未作特别规定。赵某、钱某和孙某担任董事，李某担任监事。董事会选举赵某为董事长。

建关系 读完材料第 1 自然段，建立“关系图”。

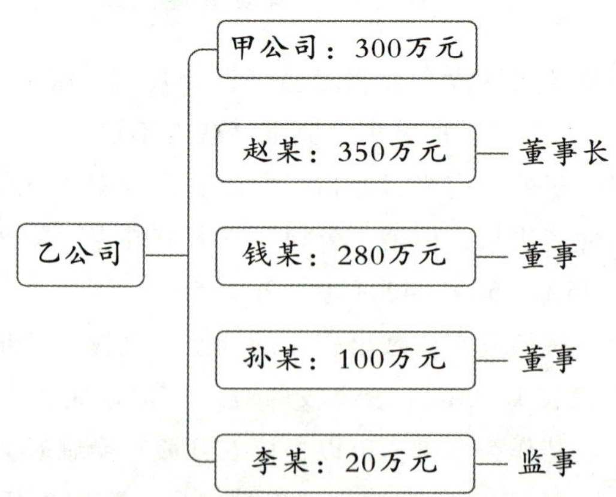

2021 年 2 月 1 日，甲公司因办公室装修需以一张票面金额为 20 万元的商业承兑汇票支付装修款。该汇票的出票人为丙公司，承兑人为丁公司，持票人为甲公司。应装修公司的要求，甲公司请求乙公司为其所持上述汇票提供担保。乙公司为此召开股东会会议，在表决时，赵某、钱某和孙某同意，甲公司未参加表决，李某未出席会议。乙公司随后在甲公司提供的上述汇票上以保证人的身份签章，但未记载被保证人。

建关系　读完材料第 2 自然段，再次建立“关系图”。

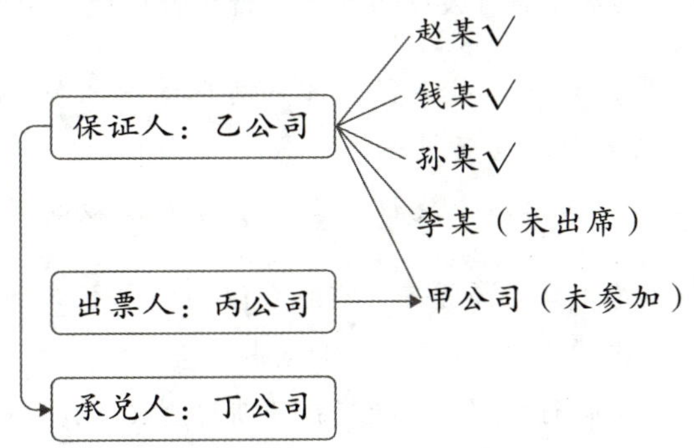

提问 1：

乙公司股东会为甲公司提供担保的决议程序是否符合法律规定？并说明理由。

思考路径　第一步，看清是否为上市公司：上市公司有特殊规定。

第二步，判断为谁担保：为股东、实际控制人担保要求必须开股东（大）会，为他人担保可以开股东（大）会或董事会。

第三步，确定决议通过的要求：为股东、实际控制人提供担保，由出席会议的其他股东所持表决权的过半数通过。

参考答案　乙公司股东会为甲公司提供担保的决议程序符合规定。根据规定，为公司股东提供担保的，必须经股东会决议。接受担保的股东，不得参加该事项的表决。该项表决由出席会议的其他股东所持表决权的过半数通过。在本题中，接受担保的股东甲公司未参加表决、李某未出席会议，该事项经出席会议的其他股东赵某、钱某和孙某一致同意，因此决议程序符合法律规定。

提问 2：

乙公司在甲公司提供的汇票上签章保证，该票据上的被保证人是谁？并说明理由。

思考路径　请求人不一定就是被保证人，应当根据票据是否承兑作进一步判断。

参考答案　该票据上的被保证人是丁公司。根据规定，保证人在汇票或者粘单上未记载被保证人名称的，已承兑的汇票，承兑人为被保证人；未承兑的汇票，出票人为被保证人。在本题中，票据已经过承兑，承兑人为丁公司，即丁公司为被保证人。

2021 年 2 月 10 日，李某得知上述担保决议后认为乙公司提供担保有损乙公司利益，遂提议召开股东会临时会议审议乙公司提供担保的合法性。董事长赵某认为李某持股比例尚未达到十分之一，无权提议召开股东会临时会议，遂拒绝了李某的提议。

提问 3：

赵某拒绝李某召开股东会临时会议的提议是否符合法律规定？并说明理由。

思考路径 第一步，看清公司类型，区分有限责任公司临时股东会和股份有限公司临时股东大会的召开情形。

第二步，若牵涉表决权，需要表述表决权的确定规则。

参考答案 赵某拒绝李某召开股东会临时会议的提议不符合规定。根据规定，代表 1/10 以上表决权的股东、1/3 以上的董事、监事会或者不设监事会的公司的监事提议召开股东会临时会议的，应当召开临时会议。有限责任公司股东会会议由股东按照出资比例行使表决权；但是，公司章程另有规定的除外。在本题中，李某出资比例仅为 1.9%［20÷（300+350+280+100+20）= 1.9%］。由于乙公司章程对议事方式、表决程序未作特别规定，因此李某的表决权为 1.9%，不符合“代表 1/10 以上表决权的股东”之法定条件。但是，由于乙公司未设监事会，李某作为监事符合提议条件，因此赵某不得拒绝李某召开股东会临时会议的提议。

（简化版回答：不符合规定。根据规定，有限责任公司监事会或不设监事会的公司的监事可以提议召开股东会临时会议。在本题中，由于乙公司未设监事会，李某作为监事符合提议条件，因此赵某不得拒绝李某召开股东会临时会议的提议。）

李某转而要求乙公司提供资产负债表、现金流量表等财务报表进行检查。赵某认为其无权查阅，亦予以拒绝。

提问 4：

李某要求乙公司提供财务报表是否符合法律规定？并说明理由。

思考路径 第一步，判断公司类型，不同类型公司的股东知情权所针对的对象有差别；第二步，看清题干是描述查阅还是复制，知情权中并未允许股份有限公司的股东复制。

参考答案 李某要求乙公司提供财务报表符合规定。根据规定，有限责任公司股东有权查阅、复制公司财务会计报告。

2021 年 5 月，李某认为其在乙公司的权益无法得到保护，遂将股权转让给股东孙某，同时向乙公司提出辞去监事职务。赵某认为李某转让股权无效，并要求其继续履行监事职务，理由是李某转让股权给孙某既未通知其他股东，也未经其他股东同意。

提问 5：

李某未经其他股东同意便将乙公司股权转让给孙某是否符合法律规定？并说明理由。

思考路径　第一步，判断公司章程对股权转让是否另有规定：先看规定，再看法定。
第二步，判断对内转让还是对外转让：对内转让直接可以，对外转让其他股东过半数同意。

参考答案　李某未经其他股东同意便将乙公司股权转让给孙某符合规定。根据规定，有限责任公司的股东之间可以相互转让其全部或者部分股权。公司章程对股权转让另有规定的，从其规定。在本题中，公司章程未作特别规定，因此李某将乙公司股权转让给股东孙某不需要征得其他股东同意。

提问 6：

赵某要求李某继续履行监事职务是否符合法律规定？并说明理由。

思考路径　判断是否继续履行监事职务：一看任期届满是否及时改选，二看离职后监事的人数是否会少于三人。

参考答案　赵某要求李某继续履行监事职务符合规定。根据规定，有限责任公司监事任期届满未及时改选，或者监事在任期内辞职导致监事会成员低于法定人数的，在改选出的监事就任前，原监事仍应当履行监事职务。在本题中，乙公司仅李某一名监事，因此在改选出的监事就任前，李某仍应当履行监事职务。

2020 年简答题 1

2019 年 4 月，赵某、张某、李某三人设立甲有限责任公司（以下简称“甲公司”）。公司章程规定：赵某以现金 100 万元出资，在公司成立时一次足额缴纳；张某以专利技术作价 100 万元出资，在公司成立时转移专利技术；李某以现金 100 万元出资，在公司成立半年和一年时分两次等额缴纳。公司章程对股东出资事项未作其他规定。

赵某、张某在甲公司成立时按时履行了出资义务；甲公司成立半年时，李某以家庭出现经济困难为由，未按时缴纳出资。

建关系　读完材料第 1、2 自然段，建立“关系图”。

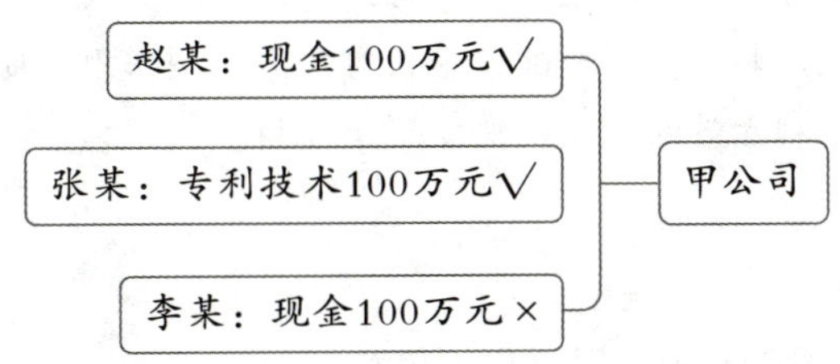

2019年12月，赵某、张某要求李某按照公司章程规定履行出资义务并承担违约责任，李某拒绝。李某同时主张，张某用于出资的专利技术，虽然出资时经评估价值100万元，但目前因市场因素贬值为50万元，张某应当补足差额。

提问1：
赵某、张某要求李某按照公司章程规定履行出资义务并承担违约责任，是否符合法律规定？简要说明理由。

思考路径 违约责任由违约股东向守约股东承担。

参考答案 赵某、张某的要求符合规定。根据规定，股东不按照规定缴纳出资的，除应当向公司足额缴纳外，还应当向已按期足额缴纳出资的股东承担违约责任。

提问2：
李某要求张某补足出资差额，是否符合法律规定？简要说明理由。

思考路径 第一步，判断是“出资时”出资不实还是“出资后”财产的贬值。
第二步，关于出资后财产贬值的处理是否当事人另有约定。

参考答案 李某的要求不符合规定。根据规定，出资人以符合法定条件的非货币财产出资后，因市场变化或者其他客观因素导致出资财产贬值，公司、其他股东或者公司债权人请求该出资人承担补足出资责任的，人民法院不予支持，但当事人另有约定的除外。

2020年1月，甲公司按照公司章程规定召开股东会，决议李某在未按照公司章程规定履行出资义务前，不得行使利润分配请求权。

提问3：
甲公司股东会作出的决议是否符合法律规定？简要说明理由。

思考路径 判断是未履行还是未完全履行出资义务：若未履行，则可以完全限制股东权利；若未完全履行，只能作出相应限制。

参考答案 甲公司股东会作出的决议符合规定。根据规定，股东未履行或者未全面履行出资义务，公司根据公司章程或者股东会决议对其利润分配请求权、新股优先认购权、剩余财产分配请求权等股东权利作出相应的合理限制，该股东请求认定该限制无效的，人民法院不予支持。

2020年简答题2

2019年1月，甲股份有限公司（以下简称“甲公司”）首次公开发行股票并在证券交易所上市交易。公司董事赵某未持有甲公司股份。公司监事孙某持有甲公司 10 万股股份。公司总经理李某持有甲公司 5 万股股份。公司章程对公司董事、监事、高级管理人员转让其所持有的本公司股份未作特别规定。

2019 年 5 月，为了增加员工对公司的信心，赵某买入甲公司 10 万股股份。赵某认为，只有转让股份才需要向公司报告，买入股份不需要报告，故未向甲公司报告其买入股份的行为。

提问 1：

赵某不向甲公司报告其买入甲公司股份的行为是否符合法律规定？简要说明理由。

思考路径 因为董事、监事、高级管理人员有股份买卖的限制，所以无论买入或卖出均有申报义务。

参考答案 赵某不向甲公司报告其买入甲公司股份的行为不符合规定。根据规定，公司董事、监事、高级管理人员应当向公司申报所持有的本公司股份及其变动情况。

2019 年 8 月，孙某转让其持有的甲公司 2 万股股份。

提问 2：

孙某转让其持有的甲公司 2 万股股份的行为是否符合法律规定？简要说明理由。

思考路径 判断股票上市交易时间和转让时间：转让若在上市交易之日起 1 年内，则不得转让；转让若在上市交易之日起 1 年后，则受 25%的比例限制。

参考答案 孙某转让股份的行为不符合规定。根据规定，公司董事、监事、高级管理人员所持本公司股份自公司股票上市交易之日起 1 年内不得转让。在本题中，甲公司股票于 2019 年 1 月上市交易，孙某作为监事转让行为发生于 2019 年 8 月，因此转让不符合规定。

2019 年 12 月，公司总经理李某辞职。因担心公司股价下跌，李某于 2020 年 3 月将其持有的甲公司 5 万股股份全部转让。

提问 3：

李某全部转让其持有的甲公司 5 万股股份的行为是否符合法律规定？简要说明理由。

思考路径 判断离职时间和转让时间是否间隔半年以上。

参考答案 李某转让股份的行为不符合规定。根据规定，公司董事、监事、高级管理人员离职后半年内，不得转让其所持有的本公司股份。在本题中，李某 2019 年 12 月从甲公司离职，2020 年 3 月即转让所持公司股份，因此转让不符合规定。

2019 年简答题 1

2016 年，甲公司、乙公司与张某在 A 市共同出资设立丙卫浴有限责任公司（以下简称“丙公司”），注册资本为 1000 万元。甲公司、乙公司、张某的出资比例为 5∶4∶1。丙公司章程对股东表决权行使及股东会议事规则未作特别规定。股东会未授权董事会行使属于股东会的职权。2018 年，丙公司发生如下事项：

（1）5 月，张某申请丙公司为其个人住房贷款提供担保。为此丙公司召开股东会会议。甲公司、乙公司参加该事项的表决，甲公司同意，乙公司不同意，股东会遂通过为张某个人住房贷款提供担保的决议。

建关系 读完材料第 1、2 自然段，建立“关系图”。

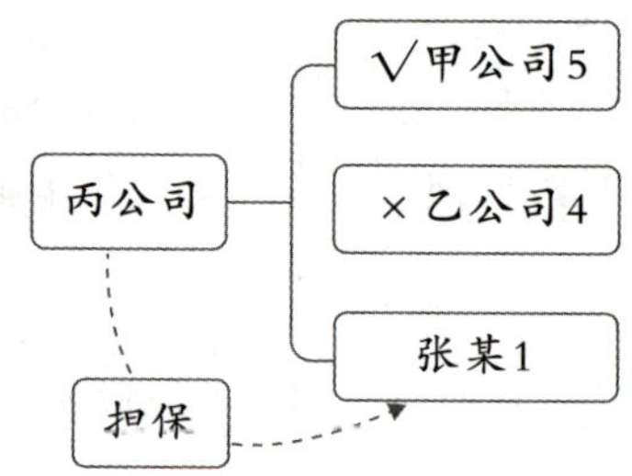

提问 1：

丙公司股东会通过为张某贷款提供担保的决议是否符合法律规定？简要说明理由。

思考路径 第一步，看清是否为上市公司：上市公司有特殊规定。

第二步，判断为谁担保：为股东、实际控制人担保要求必须开股东（大）会，为他人担保可以开股东（大）会或董事会。

第三步，确定决议通过的要求：为股东、实际控制人担保，由出席会议的其他股东所持表决权的过半数通过。

参考答案 丙公司股东会通过为张某贷款提供担保的决议符合规定。根据规定，为股东或者实际控制人提供担保的，必须经股东会决议。接受担保的股东或者受实际控制人支配的股东不得参加表决，该项表决由出席会议的其他股东所持表决权的过半数通过。有限责任公司股东会会议由股东按照出资比例行使表决权；但是，公司章程另有规定的除外。在本题中，接受担保的张某未参加表决，该项表决由出席会议的甲公司、乙公司所持表决权的过半数（5/9）通过。

（2）下半年，产品销售额持续下降，丙公司调查发现：非职工代表担任的公司董事田某于 2017 年与朋友共同出资设立丁卫浴有限责任公司（以下简称“丁公司”），并负责丁公司的生产经营；由于丁公司的卫浴产品在款式、功能等方面与丙公司产品相差无几，致使丙公司产品销售额下降，丙公司董事会遂作出决议：①将田某从丁公司所得的收入收归丙公司所有；②撤销田某公司董事职务。

提问 2：

丙公司董事会的决议①是否符合法律规定？简要说明理由。

思考路径　第一步，董事、高级管理人员是否能从事与本企业相竞争的业务，取决于股东会是否同意。

第二步，如违反规定，采取“归入”处理，即收归公司所有。

参考答案　决议①符合规定。根据规定，公司董事、高级管理人员不得未经股东会同意，利用职务便利为自己或者他人谋取属于公司的商业机会，自营或者为他人经营与所任职公司同类的业务。董事、高级管理人员违反规定所得的收入应当归公司所有。

提问 3：

丙公司董事会的决议②是否符合法律规定？简要说明理由。

思考路径　第一步，确定选举和更换的对象是谁：是董事、监事，还是高级管理人员。

第二步，若是董事、监事，判断此人是否是职工代表：职工代表由职工代表大会、职工大会等决定，非职工代表由股东（大）会决定。

参考答案　决议②不符合规定。根据规定，非职工代表担任的董事、监事由股东会（而非董事会）选举和更换。

2019 年简答题 2

2014 年 1 月，周某、吴某、蔡某和其他十人共同出资设立甲有限责任公司（以下简称“甲公司”）。根据公司章程的记载，周某为第一大股东，出资 550 万元，占公司注册资本的 55%；股东认缴的出资应当在公司成立后的 6 个月内缴足。公司章程对股权转让和议事规则未作特别规定。

2018 年 3 月，蔡某认缴的出资经催告仍未足额缴纳，甲公司遂向人民法院提起诉讼，请求蔡某补足出资，并承担相应的责任。蔡某以甲公司的请求已过诉讼时效期间为由拒绝。

提问 1：

蔡某拒绝甲公司诉讼请求的理由是否符合法律规定？简要说明理由。

思考路径　缴付出资的问题不适用诉讼时效。

参考答案　蔡某拒绝甲公司诉讼请求的理由不符合规定。根据规定，公司股东未履行或者未全面履行出资义务，公司或者其他股东请求其向公司全面履行出资义务，被告股东以诉讼时效为由进行抗辩的，人民法院不予支持。

2018 年 4 月，吴某拟将其持有的甲公司股权转让给股东以外的人李某，并书面通知其他股东。周某同意，其他股东反对。吴某认为周某代表的表决权已过半数，所以自己可以将股权转让给李某。吴某遂与李某签订股权转让合同。

提问 2：

吴某认为可以将股权转让给李某的理由是否符合法律规定？简要说明理由。

思考路径 第一步，看章程对股权转让是否另有规定。

第二步，有限责任公司股东对外转让股权，要求经其他股东过半数同意，答题的关键为看人数而不是表决权。

参考答案 吴某认为可以将股权转让给李某的理由不符合规定。根据规定，除公司章程另有规定外，有限责任公司股东向股东以外的人转让股权的，应当经其他股东过半数同意。

2018 年 5 月，为提高市场竞争力，甲公司拟与乙公司合并，并召开股东会会议进行表决，股东钱某投了反对票，其他人赞成，决议通过。钱某提出退出甲公司，要求甲公司以合理价格收购其持有的本公司股权，遭到拒绝。

提问 3：

甲公司是否有权拒绝收购钱某的股权？简要说明理由。

思考路径 第一步，区分有限责任公司的异议股权回购请求权和股份有限公司的异议股份回购请求权的适用情形。

第二步，答题关键词：情形+反对票。

参考答案 甲公司无权拒绝收购钱某股权。根据规定，有限责任公司对公司合并、分立决议投反对票的股东可以请求公司按照合理的价格收购其股权，退出公司。

2018 年简答题 1

张某拟与王某、赵某共同投资设立甲有限责任公司（以下简称“甲公司”），因张某不愿以自己名义投资，遂与李某约定，李某为名义股东，张某实际出资并享有投资收益。后李某按照约定，认缴出资 100 万元，设立了甲公司。李某被记载于甲公司股东名册，并在公司登记机关登记。王某、赵某认缴的出资全部缴足，李某认缴的出资张某仅实际缴纳 60 万元。

建关系 读完材料第 1 自然段，建立“关系图”。

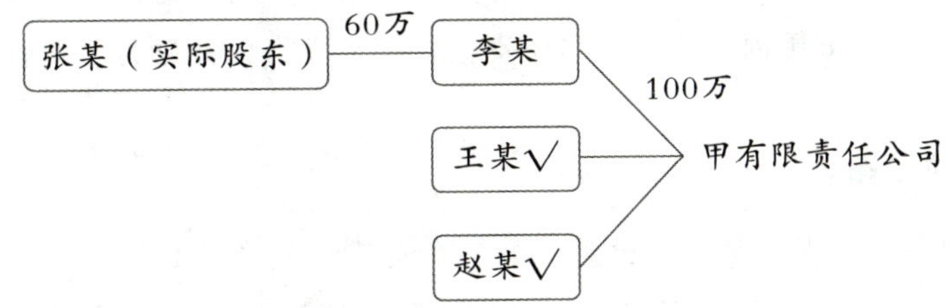

甲公司经营期间，李某未经张某同意将其在甲公司的股权进行质押，并造成了损失。张某得知后，要求李某赔偿损失，遭到拒绝。

提问 1：

李某是否有权拒绝张某的赔偿请求？简要说明理由。

思考路径 名义股东和实际出资人的题目必须思考是考查对内关系（名义股东和实际出资人之间）还是对外关系，**股权代持协议仅在内部有约束力**。

参考答案 李某无权拒绝张某的赔偿请求。根据规定，名义股东将登记于其名下的股权转让、质押或者以其他方式处分，造成实际出资人损失，实际出资人请求名义股东承担赔偿责任的，人民法院应予支持。

为防止李某继续损害自己的利益，张某要求甲公司将其变更为股东并记载于股东名册，遭到王某、赵某反对，发生争议。

提问 2：

张某未经王某、赵某同意能否变更为甲公司股东？简要说明理由。

思考路径 同上

参考答案 张某不能变更为甲公司股东。根据规定，实际出资人未经公司其他股东半数以上同意，请求公司变更股东、签发出资证明书、记载于股东名册、记载于公司章程并办理公司登记机关登记的，人民法院不予支持。

在变更股东的争议未解决前，甲公司因资不抵债破产清算。债权人郑某以李某未完全履行出资义务为由，要求李某承担补充赔偿责任，李某以其为名义股东为由抗辩。

提问 3：

李某是否有权拒绝承担补充赔偿责任？简要说明理由。

思考路径 同上

参考答案 李某无权拒绝承担补充赔偿责任。根据规定，公司债权人以登记于公司登记机关的股东未履行出资义务为由，请求其对公司债务不能清偿的部分在未出资本息范围内承担补充赔偿责任，股东不得以其仅为名义股东为由进行抗辩。

2018年简答题2

2015年9月，赵某、钱某、孙某、李某、周某五人共同出资设立甲有限责任公司（以下简称“甲公司”）。公司章程规定：（1）公司注册资本500万元。（2）赵某、钱某、孙某各以现金90万元出资；李某以自有房屋作价100万元出资；周某以专利权作价130万元出资。股东的货币出资在6个月内缴足，非货币出资财产转移手续在6个月内办理完毕。（3）股东享有均等表决权。

建关系 读完材料第1自然段，建立“关系图”。

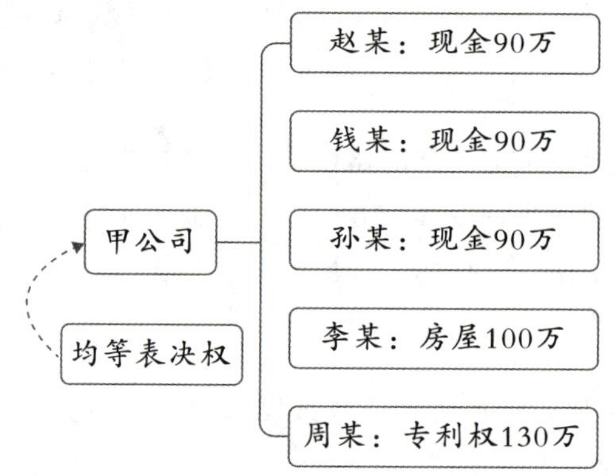

提问1：

甲公司章程规定股东均等行使表决权是否符合法律规定？简要说明理由。

思考路径 有限责任公司股东的表决权属于约定事项：先看有无约定；无约定时，才看出资比例。

参考答案 甲公司章程规定股东均等行使表决权符合规定。根据规定，有限责任公司的股东按照出资比例行使表决权，但公司章程另有规定的除外。

公司成立后，李某按期办理了出资房屋所有权转移手续，但一直未将房屋交付公司。

2016年10月，甲公司召开临时股东会修改公司章程。赵某、钱某、孙某赞成，李某和周某反对。赵某认为，李某未将出资房屋交付公司，不得行使表决权。

提问2：

赵某主张李某不得行使表决权是否符合法律规定？简要说明理由。

思考路径　判断已变更、未交付对股东权利的影响。

参考答案　赵某主张李某不得行使表决权符合法律规定。根据规定，出资人以房屋、土地使用权或者需要办理权属登记的知识产权等财产出资，已经办理权属变更手续但未交付给公司使用的，公司或者其他股东主张其向公司交付、并在实际交付之前不享有相应股东权利的，人民法院应予支持。

提问 3：

甲公司修改公司章程的决议能否通过？简要说明理由。

思考路径　第一步，确定是否为特别决议事项。

第二步，判断是什么类型的公司，以决定计算的基数。

第三步，回答"决议是否通过"的题目需要表述表决权的确定规则。

参考答案　甲公司修改公司章程的决议能够通过。根据规定，股东会会议作出修改公司章程的决议，必须经代表 2/3 以上表决权的股东通过。在本题中，李某不享有表决权，享有表决权的 4 人按照章程规定享有均等表决权，其中有 3 人同意，超过 2/3 的表决权，故该决议能够通过。

2017 年简答题 1

甲股份有限公司（以下简称"甲公司"）于 2009 年 1 月成立，专门从事药品生产。张某为其发起人之一，持有甲公司股票 1000000 股，系甲公司第十名大股东。王某担任总经理，未持有甲公司股票。2013 年 11 月，甲公司公开发行股票并上市。

2015 年 5 月，甲公司股东刘某在查阅公司 2014 年年度报告时发现：

（1）2014 年 9 月，王某买入甲公司股票 20000 股；2014 年 12 月，王某将其中的 5000 股卖出。

（2）2014 年 10 月，张某转让了其持有的甲公司股票 200000 股。

时间轴　读完材料第 1~3 自然段，构建"时间轴"。

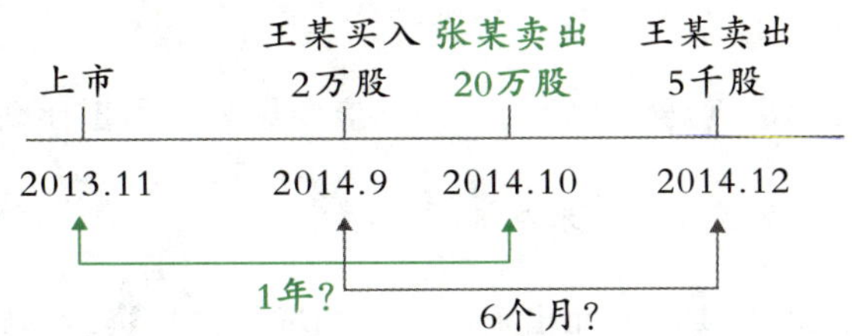

2015 年 6 月，刘某向甲公司董事会提出：王某无权取得转让股票的收益；张某转让其持有的甲公司股票不合法。董事会未予理睬。

2015 年 8 月，刘某向法院提起诉讼。经查：该公司章程对股份转让未作特别规定；王某 12

月转让股票取得收益 3 万元归其个人所有；张某因急需资金不得已转让其持有的甲公司股票 200000 股。

提问 1：

王某是否有权将 3 万元收益归其个人所有？简要说明理由。

思考路径 教材中牵涉“归入”的有两处：①董事、高级管理人员违反忠实义务；②短线交易。

参考答案 王某无权将 3 万元收益归其个人所有。根据规定，上市公司董事、监事、高级管理人员以及持有上市公司股份 5% 以上的股东，将其持有的该公司的股票在买入后 6 个月内卖出，或者在卖出后 6 个月内又买入，由此所得收益归上市公司所有，上市公司董事会应当收回其所得收益。在本题中，王某是总经理，为高级管理人员，受到短线交易限制，所以无权将 3 万元收益归其个人所有。

提问 2：

张某转让股票的行为是否合法？简要说明理由。

思考路径 判断股票上市交易时间和转让时间：转让若在上市交易之日起 1 年内，则不得转让。

参考答案 张某转让股票的行为不合法。根据规定，公司公开发行股份前已发行的股份，自公司股票在证券交易所上市交易之日起 1 年内不得转让。在本题中，甲公司 2013 年 11 月上市，张某在 2014 年 10 月转让时尚未超过 1 年。

2017 年简答题 2

2014 年 4 月，张某、王某、李某三人投资设立了甲有限责任公司（以下简称“甲公司”），张某担任公司董事长，王某担任公司董事。2017 年 5 月，乙投资公司拟收购甲公司，经查，甲公司存在下列情况：

（1）张某将其已转入甲公司账户的 200 万元出资转出 100 万元；

提问 1：

张某转出 100 万元出资是什么行为？张某应向甲公司承担什么民事责任？

思考路径 区分抽逃出资和未尽出资义务。

参考答案 张某转出 100 万元出资的行为构成抽逃出资。本题中，张某应承担向甲公司返还抽逃出资本息的民事责任。

（2）王某曾于2010年因行贿罪被判有期徒刑3年，2013年刑满释放；

提问2：

王某担任甲公司董事是否合法？简要说明理由。

思考路径　第一步，看犯罪是否导致被剥夺政治权利：若是，则5年内不得担任董监高；

第二步，看犯罪是否是经济类“黑五类”：若是，则5年内不得担任董监高。

参考答案　王某担任甲公司董事不合法。根据规定，因贪污、贿赂、侵占财产、挪用财产或者破坏社会主义市场经济秩序，被判处刑罚，执行期满未逾5年的，不得担任董事、监事、高级管理人员。在本题中，王某2013年刑满释放，2014年4月担任董事时尚未超过5年，故王某担任甲公司董事不合法。

（3）李某出资的办公用房，虽已办理权属变更手续，但经其他股东催促，至今仍未交付甲公司使用。为此，其他股东主张李某不得享有相应的股东权利。

提问3：

其他股东主张李某不享有相应的股东权利是否合法？简要说明理由。

思考路径　判断已变更、未交付对股东权利的影响。

参考答案　其他股东主张李某不享有相应的股东权利合法。根据规定，出资人以房屋、土地使用权或者需要办理权属登记的知识产权等财产出资，已经办理权属变更手续但未交付给公司使用的，公司或者其他股东主张其向公司交付、并在实际交付之前不享有相应股东权利的，人民法院应予支持。在本题中，李某未将所出资房屋交付甲公司使用，故其他股东可以主张李某不享有相应的股东权利。

2017年综合题

2015年6月，甲公司、乙公司、丙公司和陈某共同投资设立丁有限责任公司（以下简称“丁公司”）。丁公司章程规定：（1）公司注册资本500万元。（2）甲公司以房屋作价120万元出资，乙公司以机器设备作价100万元出资；陈某以货币100万元出资；丙公司出资180万元，首期以原材料作价100万元出资，余额以知识产权出资，2015年12月前缴足。（3）公司设股东会，1名执行董事和1名监事。（4）股东按照1∶1∶1∶1行使表决权。公司章程对出资及表决权行使事项未作其他特殊规定。

公司设立后，甲公司、乙公司和陈某按照公司章程的规定实际缴纳了出资，并办理了相关手续，丙公司按公司章程规定缴纳首期出资后，于2015年11月以特许经营权作价80万元缴足出资。

建关系 读完材料第 1、2 自然段，建立“关系图”。

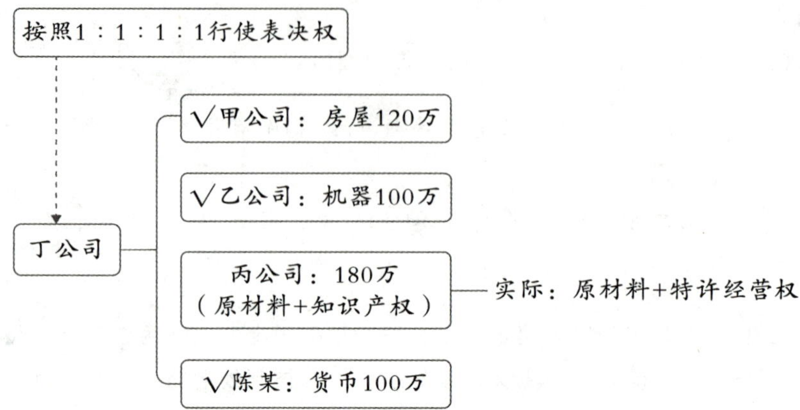

提问 1：

指出丁公司股东出资方式中的不合法之处。并说明理由。

参考答案 丙公司以特许经营权作价出资不合法。根据规定，股东不得以劳务、信用、自然人姓名、商誉、特许经营权或者设定担保的财产等作价出资。

提问 2：

丁公司设 1 名执行董事和 1 名监事是否合法？并说明理由。

思考路径 只有 4 个股东，属于股东人数较少的有限责任公司，可以不设董事会、监事会。

参考答案 丁公司设 1 名执行董事和 1 名监事合法。根据规定，股东人数较少或者规模较小的有限责任公司，可以设 1 名执行董事、1～2 名监事，不设立董事会、监事会。

2017 年 6 月，因股东之间经营理念存在诸多冲突且无法达成一致，陈某提议解散丁公司。丁公司召开股东会就该事项进行表决。甲公司、乙公司和陈某赞成，丙公司反对。于是股东会作出了解散丁公司的决议。丁公司进入清算程序。

提问 3：

丁公司股东会作出解散公司的决议是否合法？并说明理由。

思考路径 第一步，确定是否为特别决议事项。

第二步，判断是什么类型的公司，以决定计算的基数。

第三步，回答“决议是否通过”的题目需要表述表决权的确定规则。

参考答案　丁公司股东会作出解散公司的决议合法。根据规定，公司解散属于股东会的特别决议，必须经代表 2/3 以上表决权的股东通过。有限责任公司股东会会议由股东按照出资比例行使表决权；但是，公司章程另有规定的除外。在本题中，股东按照 1∶1∶1∶1 行使表决权，甲公司、乙公司和陈某赞成解散公司，占表决权比例 3/4，超过全部表决权的 2/3，故作出解散公司的决议合法。

清算期间，清算组发现如下情况：

（1）由于市场行情变化，甲公司出资的房屋贬值 10 万元。

（2）乙公司出资时机器设备的实际价额为 70 万元，明显低于公司章程所定价额 100 万元。

清算组要求甲公司补足房屋贬值 10 万元，甲公司拒绝；要求乙公司和其他股东对乙公司实际出资价额的不足承担相应的民事责任。

提问 4：

甲公司拒绝补足房屋贬值 10 万元是否合法？并说明理由。

思考路径　第一步，判断是“出资时”出资不实还是“出资后”财产的贬值。

第二步，关于出资后财产贬值的处理是否当事人另有约定。

参考答案　甲公司拒绝补足房屋贬值 10 万元合法。根据规定，出资人以符合法定条件的非货币财产出资后，因市场变化或者其他客观因素导致出资财产贬值，公司、其他股东或者公司债权人请求该出资人承担补足出资责任的，人民法院不予支持，但当事人另有约定的除外。

提问 5：

对乙公司的实际出资价额的不足，乙公司和其他股东应分别承担什么民事责任？

思考路径　①未尽出资义务的股东的责任包括对公司的和对守约股东的。②此处的其他股东指的是发起人，发起人应承担连带责任。

参考答案　（1）乙公司应依法全面履行出资义务，向丁公司补缴出资不足部分的本息，并向已按期足额缴纳出资的股东承担违约责任；（2）丁公司其他发起人股东应与乙公司承担连带责任。

2016 年简答题

甲股份有限公司（以下简称“甲公司”）于 2014 年 3 月上市，董事会成员为 7 人。

2015 年甲公司召开了 3 次董事会，分别讨论的事项如下：

（1）讨论通过了为其子公司一次性提供融资担保 4000 万元的决议，此时甲公司总资产为 1 亿元；

提问 1：

甲公司董事会是否有权作出融资担保决议？简要说明理由。

思考路径 第一步，看清是否为上市公司：上市公司有特殊规定。

第二步，看题目给的是总资产还是净资产：①若是总资产，担保金额>总资产的 30%，股东大会特别决议；②若是净资产，担保金额>净资产的10%，股东大会普通决议。

参考答案 甲公司董事会无权作出融资担保决议。根据规定，上市公司在 1 年内购买、出售重大资产或者担保金额超过公司最近一期经审计总资产 30%的，应当由股东大会作出决议，并经出席会议的股东所持表决权的 2/3 以上通过。在本题中，融资担保额度（4000 万元）超过了甲公司总资产的 30%（1 亿元×30% = 3000 万元），相关担保决议应由股东大会审议批准。

（2）拟提请股东大会聘任乙公司的总经理刘某担任甲公司独立董事，乙公司为甲公司最大的股东；

提问 2：

甲公司能否聘任刘某担任本公司独立董事？简要说明理由。

思考路径 不得担任独立董事的情形主要包括：①在上市公司或者其附属企业任职的人员及其直系亲属（指配偶、父母、子女等）、主要社会关系（指兄弟姐妹、岳父母、儿媳女婿、兄弟姐妹的配偶、配偶的兄弟姐妹等）；②直接或间接持有上市公司已发行股份 1%以上或者是上市公司前 10 名股东中的自然人股东及其直系亲属；③在直接或间接持有上市公司已发行股份 5%以上的股东单位或在上市公司前 5 名股东单位任职的人员及其直系亲属；④最近 1 年内曾经具有前三项所列举情形的人员；⑤为上市公司或者其附属企业提供财务、法律、咨询等服务的人员。

参考答案 甲公司不能聘任刘某担任本公司独立董事。根据规定，在直接或者间接持有上市公司已发行股份 5%以上的股东单位或者在上市公司前 5 名股东单位任职的人员及其直系亲属，不得担任该上市公司的独立董事。在本题中，乙公司为甲公司最大的股东，而刘某在乙公司任职，不得担任甲公司的独立董事。

（3）讨论向丙公司投资的方案。参加会议的 6 名董事会成员中，有 4 人同时为丙公司董事，经参会董事一致同意，通过了向丙公司投资的方案。

提问 3：

甲公司董事会通过向丙公司投资的方案是否合法？简要说明理由。

思考路径 第一步，考虑什么机构可以决定投资方案。

第二步，在上市公司中，适用董事会决议关联表决权排除，须考虑是否会导致出席会议的无关联关系董事不足三人。

参考答案 甲公司董事会通过向丙公司投资的方案不合法。根据规定，上市公司董事与董事会会议决议事项所涉及的企业有关联关系的，不得对该项决议行使表决权，也不得代理其他董事行使表决权。如果出席董事会的无关联关系董事人数不足3人的，应将该事项提交上市公司股东大会审议。在本题中，丙公司派出的4名董事应回避表决，此时出席董事会的无关联关系董事仅为2人，该事项应提交股东大会审议。

2015年简答题

甲、乙、丙、丁、戊于2010年共同出资设立了A有限责任公司（以下简称“A公司”），出资比例为22%、30%、20%、20%、8%。2014年A公司发生有关事项如下：

（1）3月，甲向银行申请贷款时请求A公司为其提供担保。为此甲提议召开临时股东会，董事会按期召集了股东会，会议就A公司为甲提供担保事项进行表决时，甲、乙、戊赞成，丙、丁反对，股东会作出了为甲提供担保的决议。

建关系 读完材料第1、2自然段，建立“关系图”。

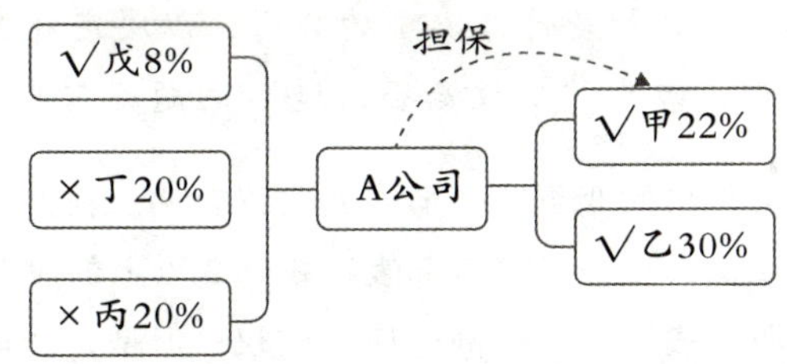

提问1：

甲是否有权提议召开临时股东会？简要说明理由。

思考路径 第一步，看清公司类型，区分有限责任公司临时股东会和股份有限公司临时股东大会的召开情形。

第二步，若牵涉表决权，需要表述表决权的确定规则。

参考答案 甲有权提议召开临时股东会。根据规定，代表1/10以上表决权的股东有权提议召开临时股东会。有限责任公司股东会会议由股东按照出资比例行使表决权；但是，公司章程另有规定的除外。在本题中，甲的出资比例为22%，其表决权达到了1/10以上，故甲有权提议召开临时股东会。

提问 2：

股东会作出的为甲提供担保的决议是否合法？简要说明理由。

思考路径　第一步，看清是否为上市公司：上市公司有特殊规定。

第二步，判断是为股东、实际控制人提供担保还是为他人提供担保。

第三步，确定决议合法与否：①回避表决；②通过标准。

参考答案　股东会作出的为甲提供担保的决议不合法。根据规定，公司为股东或者实际控制人提供担保的，必须经股东会决议。接受担保的股东或者受实际控制人支配的股东不得参加表决，该项表决由出席会议的其他股东所持表决权的过半数通过。在本题中，甲作为接受担保的股东，未回避表决，故该决议不合法。

（2）6月，因A公司实力明显增强，乙提议将公司变更为股份有限公司。为此董事会按期召开了股东会，会议就变更公司形式事项进行表决时，乙、丙、丁赞成，甲、戊反对，股东会作出了变更公司形式的决议。

提问 3：

股东会作出的变更公司形式的决议是否合法？简要说明理由。

思考路径　第一步，确定是否为特别决议事项。

第二步，判断是什么类型的公司，以决定计算的基数。

第三步，回答“决议是否通过”的题目需要表述表决权的确定规则。

参考答案　股东会作出的变更公司形式的决议合法。根据规定，股东会作出变更公司形式的决议，必须经代表全部表决权2/3以上的股东通过。有限责任公司股东会会议由股东按照出资比例行使表决权；但是，公司章程另有规定的除外。在本题中，投赞成票的乙、丙、丁持有的表决权合计为70%，符合2/3以上的法定要求。

必备法条

一、出资

1. 出资方式

股东不得以劳务、信用、自然人姓名、商誉、特许经营权或者设定担保的财产等作价出资。

2. 非货币性财产出资

（1）出资人以符合法定条件的非货币财产出资后，因市场变化或者其他客观因素导致出资财产贬值，公司、其他股东或者公司债权人请求该出资人承担补足出资责任的，人民法院不予支持，但当事人另有约定的除外。

（2）出资人以房屋、土地使用权或者需要办理权属登记的知识产权等财产出资，已经办理权属变更手续但未交付给公司使用，公司或者其他股东主张其向公司交付、并在实际交付之前不享有相应股东权利的，人民法院应予支持。

（3）出资人以房屋、土地使用权或者需要办理权属登记的知识产权等财产出资，已经交付公司使用但未办理权属变更手续，公司、其他股东或公司债权人主张认定出资人未履行出资义务的，人民法院应当责令当事人在指定的合理期间内办理权属变更手续；在前述期间内办理了权属变更手续，法院应当认定其已经履行了出资义务。出资人主张自其实际交付财产给公司使用时享有相应股东权利，人民法院应予支持。

（4）出资人以划拨土地使用权出资，或者以设定权利负担的土地使用权出资，公司、其他股东或者公司债权人主张认定出资人未履行出资义务的，人民法院应当责令当事人在指定的合理期间内办理土地变更手续或者解除权利负担；逾期未办理或者未解除的，人民法院应当认定出资人未依法全面履行出资义务。

3. 出资责任

（1）股东不按照规定缴纳出资的，除应当向公司足额缴纳外，还应当向已按期足额缴纳出资的股东承担违约责任。

（2）股东在公司设立时未履行或者未全面履行出资义务，发起人与被告股东承担连带责任。

（3）公司债权人请求抽逃出资的股东在抽逃出资本息范围内对公司债务不能清偿的部分承担补充赔偿责任，协助抽逃出资的其他股东、董事、高级管理人员或者实际控制人对此承担连带责任的，人民法院应予支持。

（4）公司股东未履行或者未全面履行出资义务，公司或者其他股东请求其向公司全面履行出资义务，被告股东以诉讼时效为由进行抗辩的，人民法院不予支持。

（5）股东未履行或者未全面履行出资义务或者抽逃出资，公司根据公司章程或者股东会决议对其利润分配请求权、新股优先认购权、剩余财产分配请求权等股东权利作出相应的合理限制，该股东请求认定该限制无效的，人民法院不予支持。

二、股东和股权

1. 名义股东和实际出资人

（1）实际出资人与名义股东因投资权益的归属发生争议，实际出资人以其实际履行了出资义务为由向名义股东主张权利的，人民法院应予支持。名义股东以公司股东名册记载、公司登记机关登记为由否认实际出资人权利的，人民法院不予支持。

（2）实际出资人未经公司其他股东半数以上同意，请求公司变更股东、签发出资证明书、记载于股东名册、记载于公司章程并办理公司登记机关登记的，人民法院不予支持。

（3）名义股东将登记于其名下的股权转让、质押或者以其他方式处分，实际出资人以其对于股权享有实际权利为由，请求认定处分股权行为无效的，人民法院如果认定受让方符合善意取得的条件，受让方善意取得股权。

（4）公司债权人以登记于公司登记机关的股东未履行出资义务为由，请求其对公司债务不能清偿的部分在未出资本息范围内承担补充赔偿责任，股东以其仅为名义股东而非实际出资人为由进行抗辩的，人民法院不予支持。

2. 股东知情权

（1）有限责任公司的股东有权要求查阅公司会计账簿。股东要求查阅公司会计账簿的，应当向公司提出书面请求，说明目的。公司有合理根据认为股东查阅会计账簿有不正当目的，可能损害公司合法利益的，可以拒绝提供查阅。

（2）有限责任公司股东有权查阅、复制公司财务会计报告、股东会会议记录、董事会会议决议、监事会会议决议和公司章程。

3. 股东代表诉讼

（1）董事、高级管理人员执行公司职务时违反法律、行政法规或者公司章程的规定，给公司造成损失的，有限责任公司的股东、股份有限公司连续 180 日以上单独或合计持有公司 1%以上股份的股东，可以书面请求监事会向人民法院提起诉讼。

（2）监事会收到书面请求后拒绝提起诉讼，或者自收到请求之日起 30 日内未提起诉讼，或者情况紧急、不立即提起诉讼将会使公司利益受到难以弥补的损害的，上述股东有权为了公司的利益以自己的名义直接向人民法院提起诉讼。

4. 股权转让

（1）对内转让

有限责任公司的股东之间可以相互转让其全部或者部分股权。公司章程对股权转让另有规定的，从其规定。

（2）对外转让

①有限责任公司的股东向股东以外的人转让股权，应当经其他股东过半数同意。公司章程对股权转让另有规定的，从其规定。经股东同意转让的股权，在同等条件下，其他股东有优先购买权。

【补充】人民法院在判断是否符合“同等条件”时，应当考虑转让股权的数量、价格、支付方式及期限等因素。

②有限责任公司的转让股东，在其他股东主张优先购买后又不同意转让股权的，对其他股东优先购买的主张，人民法院不予支持，但公司章程另有规定或者全体股东另有约定的除外。

③有限责任公司的股东向股东以外的人转让股权，未就其股权转让事项征求其他股东意见，或者以欺诈、恶意串通等手段，损害其他股东优先购买权的，其他股东主张按照同等条件购买该转让股权的，人民法院应当予以支持，但其他股东自知道或者应当知道行使优先购买权的同等条件之日起 30 日内没有主张，或者自股权变更登记之日起超过 1 年的除外。

④有限责任公司的自然人股东因继承发生变化时，其他股东主张行使优先购买权的，人民法院不予支持，但公司章程另有规定或者全体股东另有约定的除外。

5. 有限责任公司股东的异议股权回购请求权

有下列情形之一的，对股东会该项决议投反对票的股东可以请求公司按照合理的价格收购其股权：

（1）公司连续 5 年不向股东分配利润，而公司该5 年连续盈利，并且符合公司法规定的分配利润条件的；

（2）公司合并、分立、转让主要财产的；

（3）公司章程规定的营业期限届满或者章程规定的其他解散事由出现，股东会会议通过决议修改章程使公司存续的。

6. 股份转让的限制

（1）发起人持有的本公司股份，自公司成立之日起1 年内不得转让。

（2）公司公开发行股份前已发行的股份，自公司股票在证券交易所上市交易之日起1 年内不得转让。

（3）董事、监事、高级管理人员

①应当向公司申报所持有的本公司的股份及其变动情况。

②在任职期间每年转让的股份不得超过其所持有本公司股份总数的25%。

③所持本公司股份自公司股票上市交易之日起1 年内不得转让。

④离职后半年内，不得转让其所持有的本公司股份。

（4）短线交易

上市公司董事、监事、高级管理人员以及持有上市公司股份5%以上的股东，将其持有的该公司的股票在买入后 6 个月内卖出，或者在卖出后 6 个月内又买入，由此所得收益归上市公司所有，上市公司董事会应当收回其所得收益。

三、组织机构

1. 组织机构的职权

（1）股东（大）会有权选举和更换非由职工代表担任的董事、监事，决定有关董事、监事的报酬事项。

（2）董事会、监事会中的职工代表由公司职工通过职工代表大会、职工大会或者其他形式民主选举产生。

（3）董事会有权决定聘任或者解聘公司经理及其报酬事项，并根据经理的提名决定聘任或者解聘公司副经理、财务负责人及其报酬事项。

2. 有限责任公司的临时股东会

代表1/10 以上表决权的股东，1/3 以上的董事，监事会或者不设监事会的公司的监事提议召开股东会临时会议的，应当召开临时会议。

3. 有限责任公司股东会的召集

有限责任公司首次股东会会议由出资最多的股东召集和主持。

4. 决议

（1）表决权

①有限责任公司：股东会会议由股东按照出资比例行使表决权，但公司章程另有规定的除外。

②股份有限公司：股东所持每一股份有一表决权。

（2）特别决议事项

有限责任公司股东会会议作出修改公司章程，增加或者减少注册资本的决议，以及公司合并、分立、解散或者变更公司形式的决议，必须经代表2/3以上表决权的股东通过。

【补充】股份有限公司的特别决议事项同有限责任公司，必须经出席会议的股东所持表决权的2/3以上通过。

5. 上市公司关联表决权排除

（1）上市公司董事与董事会会议决议事项所涉及的企业有关联关系的，不得对该项决议行使表决权，也不得代理其他董事行使表决权。

（2）该董事会会议由过半数的无关联关系董事出席即可举行，董事会会议所作决议须经无关联关系董事过半数通过。

（3）出席董事会的无关联关系董事人数不足3人的，应将该事项提交上市公司股东大会审议。

四、其他

1. 对外提供担保

（1）一般公司为股东、实际控制人提供担保

公司为公司股东或者实际控制人提供担保的，必须经股东会或者股东大会决议。接受担保的股东或者受接受担保的实际控制人支配的股东，不得参加该事项的表决。该项表决由出席会议的其他股东所持表决权的过半数通过。

（2）上市公司提供的担保

①上市公司在1年内购买、出售重大资产或者担保金额超过公司最近一期经审计总资产30%的，应当由股东大会作出决议，并经出席股东大会的股东所持表决权的2/3以上通过。

②单笔担保额超过最近一期经审计净资产10%的担保，应当由股东大会作出决议。

2. 董事、监事、高级管理人员的任职资格

（1）因贪污、贿赂、侵占财产、挪用财产或者破坏社会主义市场经济秩序，被判处刑罚，执行期满未逾5年；或者因犯罪被剥夺政治权利，执行期满未逾5年，不得担任董事、监事、高级管理人员。

（2）担任破产清算的公司、企业的董事或者厂长、经理，对该公司、企业的破产负有个人责任的，自该公司、企业破产清算完结之日起未逾3年，不得担任董事、监事、高级管理人员。

（3）担任因违法被吊销营业执照、责令关闭的公司、企业的法定代表人，并负有个人责

任的，自该公司、企业被吊销营业执照之日起未逾3年，不得担任董事、监事、高级管理人员。

3. 董事、高级管理人员的忠实义务

（1）未经股东（大）会同意，董事、高级管理人员不得利用职务便利为自己或者他人谋取属于公司的商业机会，自营或者为他人经营与所任职公司同类的业务。

（2）董事、高级管理人员不得违反公司章程的规定或者未经股东（大）会同意，与本公司订立合同或者进行交易。

（3）董事、高级管理人员违反前述规定所得的收入应当归公司所有。

4. 独立董事

下列人员不得担任独立董事：

（1）在上市公司或者其附属企业任职的人员及其直系亲属、主要社会关系；

（2）直接或间接持有上市公司已发行股份1%以上或者是上市公司前10名股东中的自然人股东及其直系亲属；

（3）在直接或间接持有上市公司已发行股份5%以上的股东单位或者在上市公司前5名股东单位任职的人员及其直系亲属；

（4）最近1年内曾经具有前三项所列举情形的人员；

（5）为上市公司或者其附属企业提供财务、法律、咨询等服务的人员。

【补充】①直系亲属是指配偶、父母、子女等；②主要社会关系是指兄弟姐妹、岳父母、儿媳女婿、兄弟姐妹的配偶、配偶的兄弟姐妹等。

专题二　合伙企业法律制度

命题思路及解题技巧

一、近10年考情分析

重要考点	考试年度	考查侧重
财产份额的转让和出质	2019年（卷3简） 2016年（卷2简） 2014年简	（1）有限合伙人财产份额的出质 （2）普通合伙人财产份额的转让 （3）普通合伙人财产份额的出质
事务执行	2020年（卷1综） 2016年（卷1简）	（1）普通合伙企业的事务执行 （2）合伙企业的决议规则
合伙人的债务清偿	2019年（卷3简） 2016年（卷2简）	——
入伙、退伙和合伙人性质转变	2020年（卷1综） 2014年简	（1）入伙、退伙的普通合伙人对企业债务的责任 （2）合伙人性质的转变

二、命题思路

合伙企业法律制度这一专题由于考点明确且相对较少，考查思路基本为“人→行为→责任”。本专题通常独立考查简答题，个别年份曾结合合同法律制度考查综合题。

三、解题技巧

先确定这是什么性质的合伙企业，再确定是普通合伙人还是有限合伙人。在此基础之上，逐个击破，分析该企业或该合伙人的行为是否合法，进而判断该合伙人的责任承担。

经典考题精讲

扫码做题、对答案

使用“会计云课堂”App扫码快速做题、对答案、看解析、掌握解题思路，开启轻松过关之旅。

2019年简答题

李某、王某、林某、郑某于2017年12月共同出资设立甲有限合伙企业（以下简称“甲企业”），合伙协议约定：李某为普通合伙人，王某、林某、郑某为有限合伙人；李某执行合伙企业事务。合伙协议对有限合伙人的权利未作限制性约定。

建关系　读完材料第1自然段，建立“关系图”。

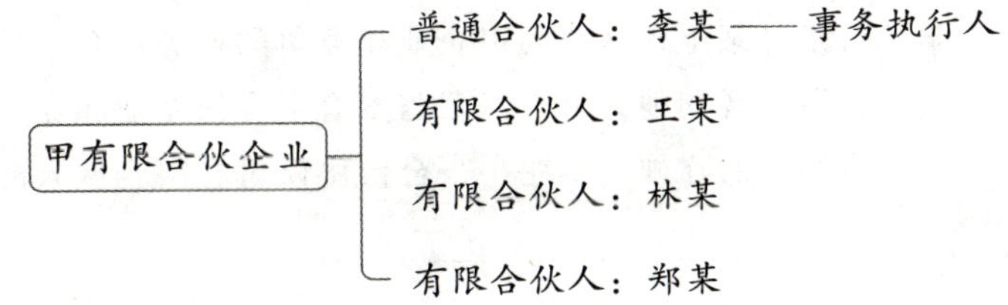

2019年甲企业发生下列事项：

（1）1月，王某未经其他合伙人同意，将其在甲企业中的财产份额出质给乙商业银行，借款20万元。

提问1：

王某将其在甲企业中的财产份额出质给乙商业银行是否合法？简要说明理由。

思考路径　有限合伙人财产份额的出质：约定→可以。合伙企业法的题目必须重点关注是否存在合伙协议的另作约定。

参考答案　王某将其在甲企业中的财产份额出质给乙商业银行合法。根据规定，有限合伙人可以将其在有限合伙企业中的财产份额出质；但是，合伙协议另有约定的除外。本题中，合伙协议对有限合伙人的权利未作限制性约定。

（2）3月，李某发现林某投资设立了一个一人有限责任公司，从事与甲企业同类的业务，挤占了甲企业的市场份额。李某要求林某不得从事与甲企业相竞争的业务，遭到林某拒绝。

建关系 读完材料（2），再次建立"关系图"。

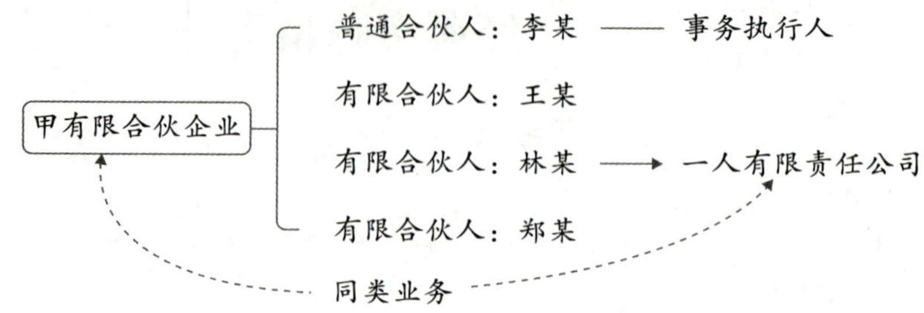

提问2：

李某要求林某不得从事与甲企业相竞争的业务是否合法？简要说明理由。

思考路径 区分针对普通合伙人和有限合伙人从事相竞争业务的处理差异：

①普通合伙人：绝对不得自营或者同他人合作经营与本合伙企业相竞争的业务；

②有限合伙人：约定→可以，即该情况应当确定是否存在合伙协议的特别约定。

参考答案 李某要求林某不得从事与甲企业相竞争的业务不合法。根据规定，有限合伙人可以自营或者同他人合作经营与本有限合伙企业相竞争的业务；但是，合伙协议另有约定的除外。本题中，合伙协议对有限合伙人的权利未作限制性约定。

（3）4月，郑某因个人原因退伙，从甲企业取得退伙结算财产5万元。8月，丙公司要求甲企业偿还2018年12月所欠的到期货款30万元。因无力清偿，甲企业要求郑某承担其中5万元的债务。郑某以其已经退伙为由拒绝。

时间轴 读完材料（3），构建与甲企业、丙公司和郑某有关的"时间轴"。

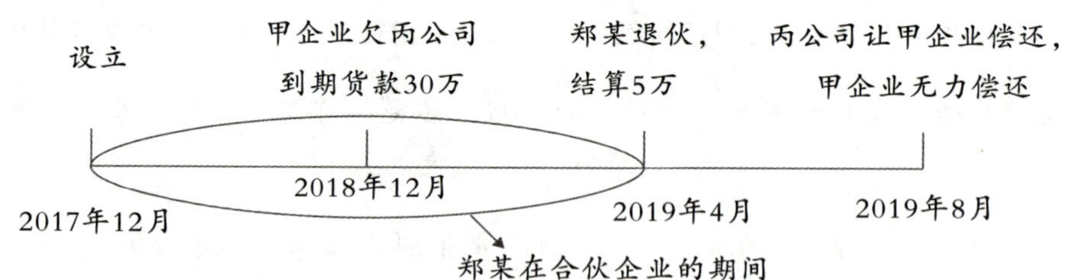

提问3：

郑某拒绝承担5万元债务是否合法？简要说明理由。

思考路径 重点关注退伙的有限合伙人承担有限责任的两条限制：

①时间：基于其退伙前的原因发生的企业债务；

②金额：退伙时取回的财产。

参考答案　郑某拒绝承担5万元债务不合法。根据规定，有限合伙人退伙后，对基于其退伙前的原因发生的有限合伙企业债务，以其退伙时从有限合伙企业中取回的财产承担责任。

2016年简答题1

2013年5月，张某、王某、李某共同出资设立了甲普通合伙企业（以下简称“甲企业”），合伙协议约定由张某执行合伙企业事务，且约定超过10万元的支出张某无权自行决定。合伙协议就执行合伙事务的其他事项未作特别约定。

建关系　读完材料第1自然段，建立“关系图”。

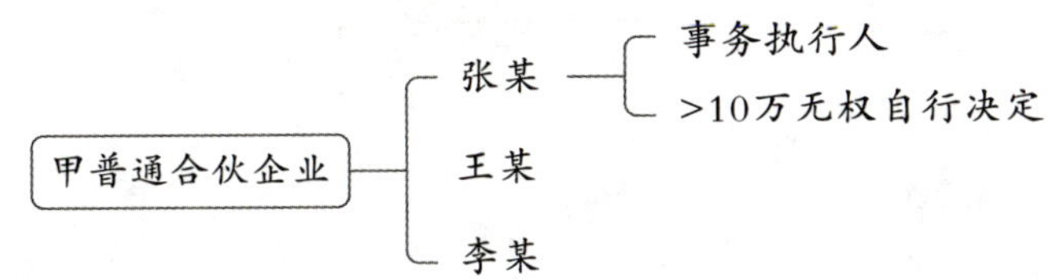

2014年3月，张某的朋友刘某拟从银行借款8万元，请求张某为其提供担保。张某自行决定以甲企业的名义为刘某提供了担保。

提问1：
张某是否有权自行决定以合伙企业的名义为刘某提供担保？简要说明理由。

思考路径　决议规则：

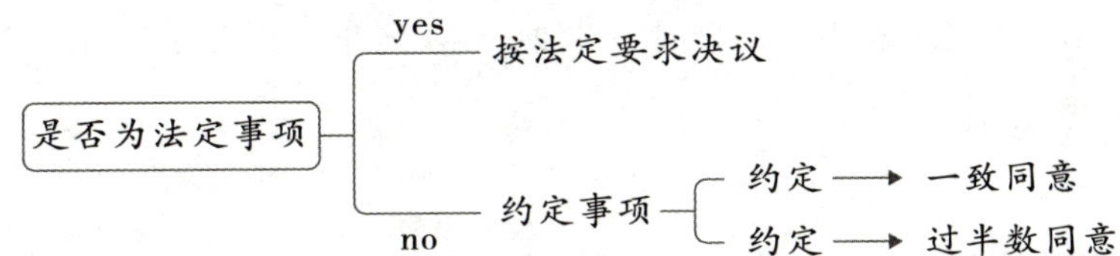

除合伙协议另有约定外，合伙企业的下列事项应当经全体合伙人一致同意：
①改变合伙企业的名称；
②改变合伙企业的经营范围、主要经营场所的地点；
③处分合伙企业的不动产；
④转让或者处分合伙企业的知识产权和其他财产权利；
⑤以合伙企业名义为他人提供担保；
⑥聘任合伙人以外的人担任合伙企业的经营管理人员。

参考答案　张某无权自行决定以合伙企业的名义为刘某提供担保。根据规定，除合伙协议另有约定外，以合伙企业名义为他人提供担保，应当经全体合伙人一致同意。

2015 年 4 月，张某以甲企业的名义与赵某签订一份买卖合同，价款为 15 万元。合同签订后，甲企业认为该合同是张某超越权限订立的，合同无效。赵某向法院起诉。经查，赵某知悉张某超越合伙协议对其权限的限制，签订了该合同。王某、李某认为张某签订买卖合同的行为不妥，决定撤销张某对外签订合同的资格。

建关系 读完材料第 3 自然段，再次建立“关系图”。

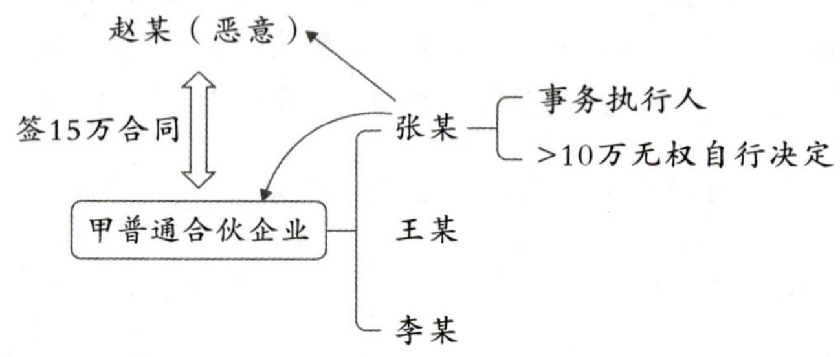

提问 2：

甲企业主张买卖合同无效是否成立？简要说明理由。

思考路径 第一步，判定第三人善意还是恶意。

第二步，判定合同效力：第三人若为善意，合同有效；第三人若为恶意，合同无效。

参考答案 甲企业主张买卖合同无效成立。根据规定，合伙企业对合伙人执行合伙事务以及对外代表合伙企业权利的限制，不得对抗善意第三人。在本题中，赵某对张某超越权限签订合同一事知情，不属于善意第三人，该买卖合同无效。

提问 3：

王某、李某是否有权撤销张某对外签订合同的资格？简要说明理由。

思考路径 重点关注撤销权的行使主体。

参考答案 王某、李某有权撤销张某对外签订合同的资格。根据规定，受委托执行合伙事务的合伙人不按照合伙协议或者全体合伙人的决定执行事务的，其他合伙人可以决定撤销该委托。

2016 年简答题 2

赵某、钱某、孙某、李某共同出资设立甲普通合伙企业（以下简称“甲企业”）。合伙协议约定：

（1）赵某、孙某、李某以货币各出资 10 万元，钱某以房屋作价出资 10 万元。

（2）合伙人向合伙人以外的人转让其在甲企业中的全部或者部分财产份额时，须经半数以上合伙人同意。

（3）合伙人以其在甲企业中的财产份额出质的，须经2/3以上的合伙人同意。

提问1：

合伙协议（2）中的约定是否合法？简要说明理由。

思考路径　第一步，判断该事项是法定事项还是约定事项。

第二步，若为约定事项，则该事项可以自由约定；若为法定事项，则应判断该事项的约定是否合乎法律规定。

参考答案　合伙协议（2）中的约定合法。根据规定，除合伙协议另有约定外，普通合伙人向合伙人以外的人转让其在合伙企业中的全部或者部分财产份额时，须经其他合伙人一致同意。即法律允许合伙协议自由约定。

提问2：

合伙协议（3）中的约定是否合法？简要说明理由。

思考路径　同上

参考答案　合伙协议（3）中的约定不合法。根据规定，普通合伙人以其在合伙企业中的财产份额出质的，必须经其他合伙人一致同意。甲企业合伙协议的约定与法律规定相悖，不合法。

甲企业成立后，接受郑某委托加工承揽一批产品，郑某未向甲企业支付5万元加工费。由于钱某在购买出资房屋时曾向郑某借款3万元一直未偿还，甲企业向郑某请求支付5万元加工费时，郑某认为钱某尚欠其借款3万元，故主张抵销3万元，只付甲企业2万元。

建关系　读完材料第2自然段，建立“关系图”。

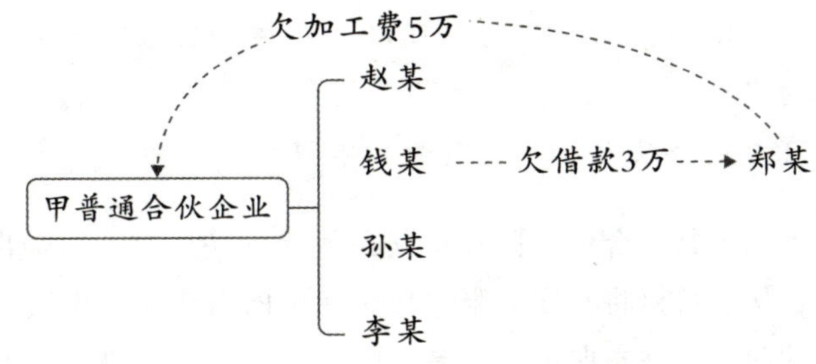

提问3：

郑某主张抵销的理由是否成立？简要说明理由。

思考路径　关注两组债务牵涉的主体，判断是否互负债务。

参考答案　郑某主张抵销的理由不成立。根据规定，合伙人发生与合伙企业无关的债务，相关债权人不得以其债权抵销其对合伙企业的债务。

2014年简答题

2011年10月，甲、乙、丙、丁四人出资设立A有限合伙企业（以下简称“A企业”），合伙协议约定：甲、乙为普通合伙人，丙、丁为有限合伙人；甲以劳务出资；乙出资5万元；丙、丁各出资50万元。合伙协议对其他事项未作约定。

建关系　读完材料第1自然段，建立“关系图”。

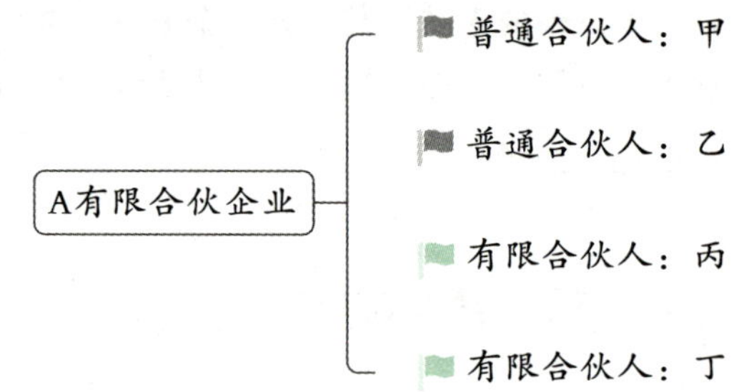

2013年1月8日，A企业与B公司签订买卖合同，双方约定货款80万元，收到货物后7日内付款。2月26日A企业如约收到货物，但因资金周转困难一直未付款。

4月，乙因发生车祸瘫痪，退出A企业，并办理了退伙结算。

7月，丙未征求其他合伙人的意见，以其在A企业中的财产份额出质，向C银行借款15万元。

提问1：

丙未经其他合伙人同意将其在A企业中的财产份额出质是否合法？简要说明理由。

思考路径　第一步，确定合伙人的身份为普通合伙人还是有限合伙人。

第二步，确定财产份额出质的要求：

①有限合伙人：约定→可以，即该情况应当确定是否存在合伙协议的特别约定；

②普通合伙人：一致同意→不得。

参考答案　丙未经其他合伙人同意将其在A企业中的财产份额出质合法。根据规定，有限合伙人可以将其在有限合伙企业中的财产份额出质；但是，合伙协议另有约定的除外。在本题中，丙是有限合伙人，合伙协议对出质未作限制性约定，丙可以出质。

8 月，经全体合伙人同意，丁由有限合伙人转为普通合伙人。

9 月，B 公司向 A 企业催要上述到期货款，因 A 企业无力偿还，B 公司遂要求乙承担全部责任，乙以自己已经退伙为由拒绝；B 公司又要求丁承担全部责任，丁以债务发生时自己为有限合伙人为由拒绝。

建关系　读完材料第 2、3、5、6 自然段，再次建立“关系图”。

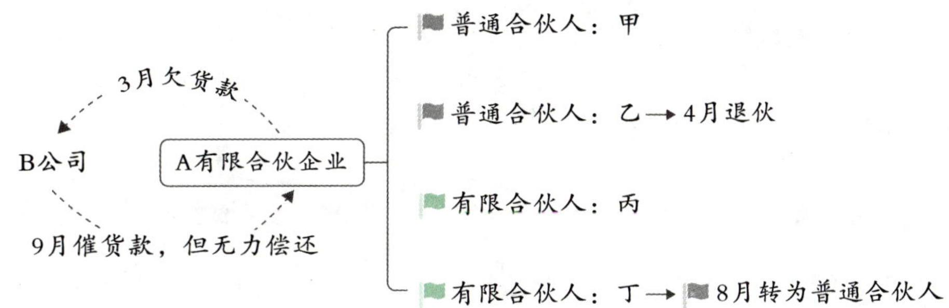

提问 2：

乙拒绝向 B 公司承担责任的理由是否合法？简要说明理由。

思考路径　第一步，确定债务发生时间和退伙时间：若债务发生在合伙人退伙前，则合伙人应当承担责任。

第二步，确定责任大小：普通合伙人承担无限连带责任，有限合伙人以退伙时取回的财产为限承担责任。

参考答案　乙拒绝向 B 公司承担责任的理由不合法。根据规定，退伙的普通合伙人对基于其退伙前的原因发生的合伙企业债务，承担无限连带责任。在本题中，A 企业对 B 公司负担的债务发生在普通合伙人乙退伙之前，乙应该承担无限连带责任。

提问 3：

丁拒绝向 B 公司承担责任的理由是否合法？简要说明理由。

思考路径　①身份转变的要求：约定→一致同意。

②身份转变的责任：**有限转普通，前后都无限；普通转有限，前无限后有限。**

参考答案　丁拒绝向 B 公司承担责任的理由不合法。根据规定，有限合伙人转变为普通合伙人的，对其作为有限合伙人期间有限合伙企业发生的债务承担无限连带责任。在本题中，丁应该对其作为有限合伙人期间有限合伙企业发生的债务承担无限连带责任。

必备法条

一、人

1. 合伙人资格

国有独资公司、国有企业、上市公司以及公益性的事业单位、社会团体不得成为普通合伙人，可以成为有限合伙人。

2. 劳务出资

普通合伙人可以劳务出资，有限合伙人不得以劳务出资。

二、行为

1. 事务执行人

（1）有限合伙企业由普通合伙人执行合伙事务。有限合伙人不执行合伙事务，不得对外代表有限合伙企业。

（2）有限合伙人的下列行为，不视为执行合伙事务：

①参与决定普通合伙人入伙、退伙；

②对企业的经营管理提出建议；

③参与选择承办有限合伙企业审计业务的会计师事务所；

④获取经审计的有限合伙企业财务会计报告；

⑤对涉及自身利益的情况，查阅有限合伙企业财务会计账簿等财务资料；

⑥在有限合伙企业中的利益受到侵害时，向有责任的合伙人主张权利或者提起诉讼；

⑦执行事务合伙人怠于行使权利时，督促其行使权利或者为了本企业的利益以自己的名义提起诉讼；

⑧依法为本企业提供担保。

（3）合伙企业对合伙人执行合伙事务以及对外代表合伙企业权利的限制，不得对抗善意第三人。

2. 财产份额的转让和出质

（1）财产份额的对外转让

①除合伙协议另有约定外，普通合伙人向合伙人以外的人转让其在合伙企业中的全部或者部分财产份额时，须经其他合伙人一致同意。

②有限合伙人可以按照合伙协议的约定向合伙人以外的人转让其在有限合伙企业中的财产份额，但应当提前30日通知其他合伙人。

（2）财产份额的出质

①普通合伙人以其在合伙企业中的财产份额出质的，须经其他合伙人一致同意；未经其他合伙人一致同意，其行为无效。

②有限合伙人可以将其在有限合伙企业中的财产份额出质；但是，合伙协议另有约定的除外。

3. 合伙人的权利与义务

（1）与本企业进行交易

①除合伙协议另有约定或者经全体合伙人一致同意外，普通合伙人不得同本合伙企业进行交易。

②有限合伙人可以同本有限合伙企业进行交易；但是，合伙协议另有约定的除外。

（2）竞业经营

①普通合伙人不得自营或者同他人合作经营与本合伙企业相竞争的业务。

②有限合伙人可以自营或者同他人合作经营与本有限合伙企业相竞争的业务；但是，合伙协议另有约定的除外。

4. 损益分配

（1）普通合伙企业的合伙协议不得约定将全部利润分配给部分合伙人或者由部分合伙人承担全部亏损。

（2）有限合伙企业不得将全部利润分配给部分合伙人。但是，合伙协议另有约定的除外。

5. 决议要求

除合伙协议另有约定外，合伙企业的下列事项应当经全体合伙人一致同意：

（1）改变合伙企业的名称；

（2）改变合伙企业的经营范围、主要经营场所的地点；

（3）处分合伙企业的不动产；

（4）转让或者处分合伙企业的知识产权和其他财产权利；

（5）以合伙企业名义为他人提供担保；

（6）聘任合伙人以外的人担任合伙企业的经营管理人员；

（7）新合伙人入伙；

（8）普通合伙人转变为有限合伙人，或者有限合伙人转变为普通合伙人。

三、责任

1. 入伙

（1）新入伙的普通合伙人对入伙前合伙企业的债务承担无限连带责任。

（2）新入伙的有限合伙人对入伙前有限合伙企业的债务，以其认缴的出资额为限承担责任。

2. 退伙

（1）退伙的普通合伙人对基于其退伙前的原因发生的合伙企业债务，承担无限连带责任。

（2）有限合伙人退伙后，对基于其退伙前的原因发生的有限合伙企业债务，以其退伙时从有限合伙企业中取回的财产承担责任。

3. 合伙人的身份转变

（1）有限合伙人转变为普通合伙人的，对其作为有限合伙人期间有限合伙企业发生的债务承担无限连带责任。

（2）普通合伙人转变为有限合伙人的，对其作为普通合伙人期间合伙企业发生的债务承担无限连带责任。

4. 个人的债务清偿

（1）合伙人发生与合伙企业无关的债务，相关债权人不得以其债权抵销其对合伙企业的债务；也不得代位行使合伙人在合伙企业中的权利。

（2）合伙人的自有财产不足清偿其与合伙企业无关的债务的，该合伙人可以以其从合伙企业中分取的收益用于清偿；债权人也可以依法请求人民法院强制执行该合伙人在合伙企业中的财产份额用于清偿。

专题三　物权和合同法律制度

命题思路及解题技巧

一、近10年考情分析

重要考点	考试年度	考查侧重
所有权	2022年（卷1综）	善意取得制度
抵押	2022年（卷1简） 2022年（卷2综） 2022年（卷3综） 2020年（卷1综） 2019年（卷1综） 2019年（卷3简） 2018年（卷1简） 2016年（卷1综） 2016年（卷2综）	（1）抵押权设立 （2）流押条款 （3）抵押物的转让 （4）抵押和租赁 （5）抵押权的实现 （6）孳息收取权 （7）抵押物的范围
留置	2019年（卷1综） 2018年（卷2综）	（1）担保物权的顺位 （2）行使条件
合同的保全	2017年（卷1简）	合同保全——撤销权
合同的转让	2014年简	债权转让的生效
合同的解除	2013年简	（1）法定解除 （2）争议解决条款的独立性
定金	2021年（卷1简） 2020年（卷2简） 2014年简 2013年简	（1）定金和违约金并存 （2）定金的数额 （3）定金和赔偿金并存
买卖合同	2022年（卷3综）	分期付款的买卖合同

重要考点	考试年度	考查侧重
赠与合同	2022 年（卷 2 简） 2014 年简	（1）赠与人的责任 （2）任意撤销 （3）法定撤销
借款合同	2022 年（卷 3 简） 2019 年（卷 1 综） 2018 年（卷 2 综） 2017 年（卷 2 简） 2016 年（卷 2 综）	（1）预扣利息的处理 （2）逾期利息 （3）借期内利息
租赁合同	2022 年（卷 2 综） 2021 年（卷 2 简） 2020 年（卷 3 简） 2015 年简	（1）权利和义务 （2）承租人的优先购买权 （3）期限 （4）买卖不破租赁
融资租赁合同	2022 年（卷 1 综） 2019 年（卷 2 简） 2018 年（卷 2 综）	（1）租赁期限届满时的处理 （2）租赁物造成损害的责任承担 （3）维修义务 （4）租赁物不符合约定的处理 （5）租赁物的所有权
保证合同	2022 年（卷 3 简） 2020 年（卷 1 综） 2019 年（卷 1 综） 2018 年（卷 2 综） 2017 年（卷 1 简） 2017 年（卷 2 简） 2016 年（卷 1 综） 2016 年（卷 2 综）	（1）保证方式 （2）保证合同的成立 （3）共同担保 （4）保证人

二、命题思路

1. 单纯合同法的题目：有单独就单一合同做考查的，如租赁合同、融资租赁合同等；也有单独考查总则中的合同终止和违约责任的；但更多的是综合性的考题，将总则和分则中的考点任意糅合在一起。

2. 单纯物权法的题目：共有、抵押都是有可能单独命制主观题的考点；同时，多考点结合出题也是非常有可能在今年的试卷中呈现的，如善意取得、抵押、物权变动的结合。

3. 合同法+物权法：往往会考查综合题，将抵押、保证与具体合同相结合。

4. 合同法+物权法+公司法+票据法：在 2022 年各个批次的试卷中，均有这种模式的综合题，往往为各个内容的拼盘。

三、解题技巧

解题必须先缕清人物关系，建议通过画简图做分析。另外，常考知识点，如共同担保、抵押、保证等，建议多角度练习，识别常见"坑点"。

经典考题精讲

扫码做题、对答案

使用"会计云课堂"App 扫码快速做题、对答案、看解析、掌握解题思路，开启轻松过关之旅。

2022 年简答题 1

2021 年 8 月 17 日，赵某因生产经营需要向钱某借款 100 万元，借款期限一年，年利率为 10%，到期一次性还本付息。双方同时签订了书面抵押合同，约定以赵某所有的一套价值 110 万元的房屋设立抵押权，若赵某在 2022 年 8 月 16 日未能按照合同约定向钱某支付本息，该套房屋归钱某所有。2021 年 8 月 19 日，赵某与钱某办理了抵押登记。8 月 20 日，双方达成补充协议，约定该套房屋在抵押期间不得转让，但双方未将该约定进行登记。2022 年 8 月 15 日，赵某因急需周转资金，将该套房屋以 105 万元的价格转让给善意第三人李某，并办理了房屋所有权转移登记。次日，赵某向钱某偿还 15 万元。钱某多次向赵某催讨剩余借款本息未果，于 2022 年 8 月 31 日向人民法院提起诉讼，请求确认赵某的转让行为不发生物权转移效力，该房屋归钱某所有，以抵偿剩余借款本息。

建关系　　读完材料内容，建立"关系图"。

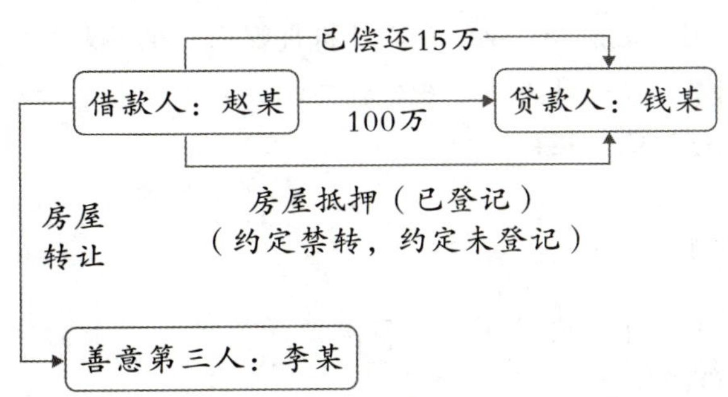

提问 1：

钱某对赵某房屋的抵押权何时设立？简要说明理由。

思考路径 区分动产和不动产抵押的要求：不动产（除土地经营权）的抵押权登记设立；动产的抵押权在合同生效时设立，登记对抗。

参考答案 2021 年 8 月 19 日，钱某对赵某房屋的抵押权设立。根据规定，以建筑物和其他土地附着物、建设用地使用权、海域使用权、正在建造的建筑物设定抵押的，应当办理抵押登记，抵押权自登记时设立。

提问 2：

赵某与钱某的抵押合同约定，若赵某未能按照合同约定支付本息，该套房屋归钱某所有，该约定是否有效？简要说明理由。

思考路径 流押条款：该条款无效，只能就抵押财产优先受偿。

参考答案 该约定无效。根据规定，抵押权人在债务履行期限届满前，与抵押人约定债务人不履行到期债务时抵押财产归债权人所有的，只能依法就抵押财产优先受偿。

提问 3：

2022 年 8 月 31 日，钱某请求确认赵某的转让行为不发生物权转移效力，人民法院是否应予支持？简要说明理由。

思考路径 "约定禁转"的结果：

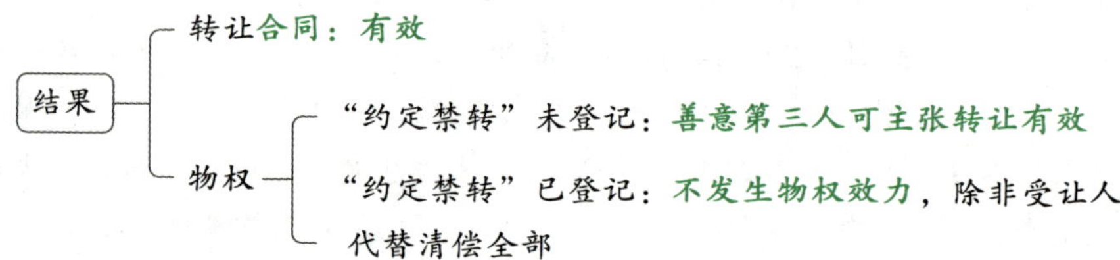

参考答案 不予支持。根据规定，当事人约定禁止或者限制转让抵押财产，但是未将约定登记，抵押人违反约定转让抵押财产，抵押财产已经交付或者登记，抵押权人请求确认转让不发生物权效力的，人民法院不予支持，但是抵押权人有证据证明受让人知道的除外。

2022 年简答题 2

慈善家李某于 2020 年设立了甲一人有限责任公司（以下简称"甲公司"）。甲公司 2022 年度签订了三份赠与合同。

1月5日，甲公司与乙养老院签订赠与合同，约定：甲公司将一批电热毯赠与乙养老院并保证该批电热毯可以正常使用，无任何质量问题。乙养老院在使用该批电热毯时发生火灾，导致乙养老院部分财产被烧毁，经鉴定火灾是由电热毯质量不合格所引起。乙养老院要求甲公司赔偿相应损失。

提问1：

乙养老院要求甲公司赔偿相应损失，是否符合法律规定？简要说明理由。

思考路径　若只是赠与物有瑕疵，无责任；若保证无瑕疵或故意不告知瑕疵，造成受赠人损失的，有责任。

参考答案　乙养老院要求甲公司赔偿相应损失符合法律规定。根据规定，赠与人故意不告知瑕疵或者保证无瑕疵，造成受赠人损失的，应当承担损害赔偿责任。

6月10日，甲公司与丙建筑公司签订赠与合同，约定，甲公司将一台已经使用一年的叉车赠与丙建筑公司，6月20日交付。6月19日甲公司因一项工程建设仍需要使用该叉车两个月，遂通知丙建筑公司先撤销赠与，未来再考虑叉车赠与事宜。丙建筑公司认为双方已经在赠与合同上签字盖章，甲公司无权撤销赠与。

提问2：

丙建筑公司认为甲公司无权撤销赠与，是否符合法律规定？简要说明理由。

思考路径　第一步，看时间：处于财产转移前，还是转移后；

第二步，若处于财产转移前，看性质：经过公证的或者具有救灾、扶贫、助残等公益、道德义务性质的，不得撤销；其余，可以撤销。

参考答案　丙建筑公司认为甲公司无权撤销赠与不符合法律规定。根据规定，赠与人在赠与财产的权利转移之前可以撤销赠与。

7月10日，甲公司与丁民办学校签订赠与合同，约定甲公司赠与丁民办学校10万元，专项用于丁民办学校图书馆购买图书，不能挪作他用。7月11日，甲公司向丁民办学校支付10万元。8月10日，甲公司调查学校已经将该笔资金用于发放所拖欠的教师工资，遂决定撤销赠与，要求丁民办学校归还10万元。丁民办学校认为其对赠与资金有权调剂使用，拒绝归还。

提问3：

甲公司决定撤销赠与，要求丁民办学校归还10万元，是否符合法律规定？简要说明理由。

思考路径　第一步，看时间：处于财产转移前，还是转移后；

第二步，若处于财产转移后，看受赠人是否忘恩负义或恩将仇报。

参考答案 甲公司决定撤销赠与，要求丁民办学校归还10万元符合法律规定。根据规定，赠与人在向受赠人转移赠与财产权利后，受赠人不履行赠与合同约定的义务，赠与人可以撤销赠与。在本题中，甲公司与丁民办学校约定赠与的10万元专项用于学校图书馆购买图书，丁民办学校挪作他用，故甲公司可以撤销赠与。

2022年简答题3

2021年1月1日，张某为购买住房向李某借款，双方在借款合同中约定李某在合同签订之日起3日内借给张某100万元，年利率为10%，借款期限为1年，自张某收到汇款之日起开始计息，若张某逾期还款，则按年利率15%的标准向李某支付逾期利息，同时按每月2000元的标准支付违约金。

2021年1月2日，为担保李某的债权得以实现，张某的好友周某以保证人的身份在借款合同上签字盖章，但未明确约定保证方式。

2021年1月3日，李某从100万元本金中提前扣除10万元的利息，实际将90万元汇款至张某指定银行账户。

2022年1月4日，张某未按时还款，李某要求周某承担保证责任，周某认为张某有住房、汽车，有足够能力清偿借款，李某应先起诉张某请求清偿，遂予以拒绝。

建关系 读完材料第1~4自然段，建立“关系图”。

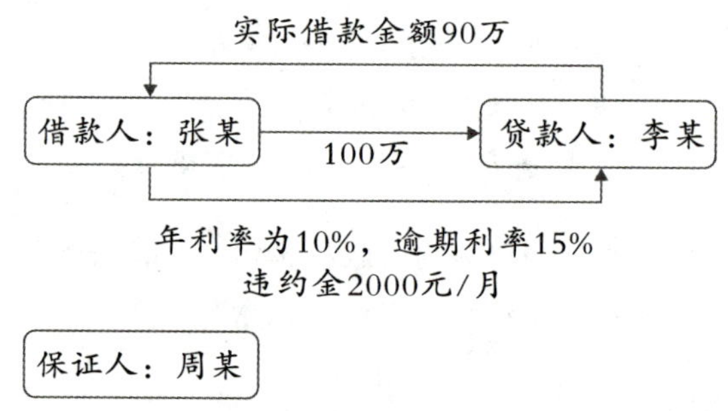

提问1：

周某认为李某应先起诉张某请求清偿，是否符合法律规定？简要说明理由。

思考路径 一般保证的保证人享有先诉抗辩权，连带责任保证的保证人不享有先诉抗辩权。

参考答案 符合法律规定。根据规定，当事人在保证合同中对保证方式没有约定或者约定不明确的，按照一般保证承担保证责任。一般保证人享有先诉抗辩权，在主合同纠纷未经审判或者仲裁，并就债务人财产依法强制执行仍不能履行债务前，有权拒绝向债权人承担保证责任。

2022 年 1 月 10 日，李某向人民法院提起诉讼，请求：①按 100 万元本金计算借款利息并由张某予以清偿；②自 2022 年 1 月 4 日起按合同约定计算逾期利息和违约金并由张某予以清偿。

已知：2021 年 1 月一年期贷款市场报价利率为 3.85%，每月 2000 元违约金相当于年利率 2.67%。

提问 2：

2022 年 1 月 10 日，李某请求按 100 万元本金计算借款利息，人民法院是否应予支持？简要说明理由。

思考路径　利息预先在本金中扣除，以扣除利息后的金额作为本金。

参考答案　人民法院不予支持。借款的利息不得预先在本金中扣除。利息预先在本金中扣除的，应当按照实际借款数额返还借款并计算利息。在本题中，实际借款金额为 90 万元，应按 90 万元本金计算借款利息。

提问 3：

2022 年 1 月 10 日李某请求按合同约定计算逾期利息和违约金，人民法院是否应予支持？简要说明理由。

思考路径　首先，针对逾期利息和违约金：①主张其一；②同时主张，总计≤4 倍合同成立时 1 年期 LPR。

其次，注意题目的问法：①若问是否可以同时主张逾期利息和违约金，回答“可以”；②若问是否可以按照合同约定计算逾期利息和违约金，应计算二者总计是否超过上限，如本题中，按照合同约定计算就应该为 17.67%了，超过上限，法院不予支持。

参考答案　人民法院不予支持。出借人与借款人既约定了逾期利率，又约定了违约金或者其他费用，出借人可以选择主张逾期利息、违约金或者其他费用，也可以一并主张，但总计不得超过合同成立时 1 年期贷款市场报价利率 4 倍。在本题中，合同中约定的逾期利息和违约金的年利率总计为 17.67%，超出了合同成立时一年期贷款市场报价利率的 4 倍（15.4%），对于超过的部分，人民法院不应支持。

2022 年综合题

2021 年 10 月 1 日，甲有限责任公司（以下简称“甲公司”）与乙公司签订办公楼租赁合同。合同约定租赁期限为 5 年，乙公司按季度支付租金，每季度租金为 20 万元，在每季度的第一天支付。合同对当事人的维修义务未作特别约定。同日，乙公司向甲公司支付合同期第一季度租金 20 万元。

2021 年 10 月 10 日，乙公司发现租赁的办公楼漏水，遂要求甲公司予以修缮。由于甲公司迟迟未予答复，办公楼漏水情况日益严重，2021 年 10 月 21 日，乙公司通知维修公司上门维修，支付维修费 2 万元。2022 年 1 月 1 日，乙公司支付合同期第二季度租金时扣除了 2 万元维修费，甲公司对此提出异议。

建关系 读完材料第 1、2 自然段，建立“关系图”。

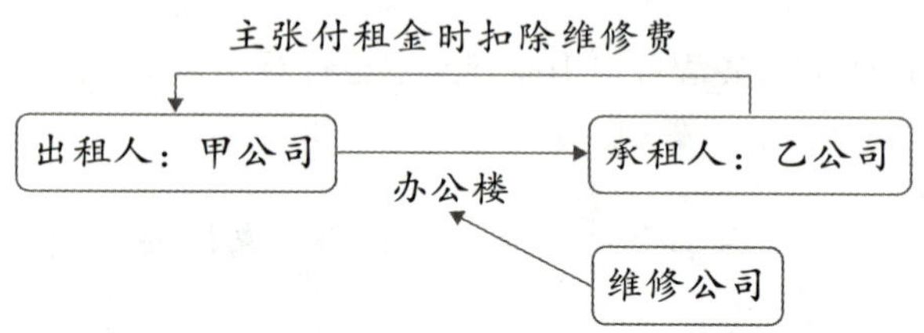

提问 1：

2022 年 1 月 1 日，乙公司在支付租金时，是否有权扣除 2 万元维修费？并说明理由。

思考路径 注意是否涉及承租人的过错或当事人另有约定的情况，如果无，应由出租方承担维修义务。

参考答案 2022 年 1 月 1 日，乙公司在支付租金时，有权扣除 2 万元维修费。根据规定，承租人在租赁物需要维修时可以请求出租人在合理期限内维修。出租人未履行维修义务的，承租人可以自行维修，维修费用由出租人负担。

为防止乙公司未来拖欠房租，甲公司要求乙公司提供担保。2022 年 1 月 4 日，甲公司与乙公司签订浮动抵押合同，乙公司以其现有的以及将有的生产设备、原材料、半成品和产品抵押，用于担保甲公司每季度的房租债权。合同约定次日成立并生效。1 月 6 日，甲公司与乙公司办理了抵押登记。

建关系 读完材料第 3 自然段，再次建立“关系图”。

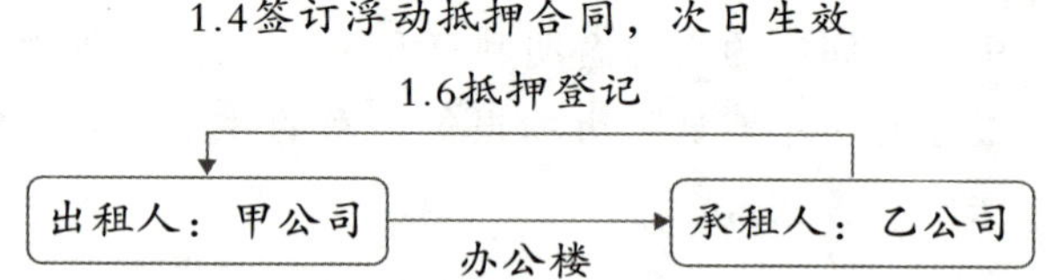

提问 2：

2022 年 1 月 4 日，甲公司与乙公司签订浮动抵押合同，甲公司的抵押权设立的日期为哪一天？并说明理由。

思考路径 浮动抵押的本质也是动产抵押，动产抵押权的设立看合同生效日。

参考答案　甲公司的抵押权设立的日期为 2022 年 1 月 5 日。根据规定，浮动抵押之抵押权自抵押合同生效时设立，未经登记，不得对抗善意第三人。依法成立的合同，自成立时生效，但是法律另有规定或者当事人另有约定的除外。

2022 年 3 月 15 日，乙公司与丙公司签订产品销售合同，合同约定丙公司按市场价格购买乙公司产品。合同总价款为 15 万元。乙公司于次日将产品发送给丙公司，丙公司于 3 月 18 日支付 15 万元价款。2022 年 3 月 20 日，甲公司得知后将上述产品已经抵押并登记的情况通知丙公司，要求丙公司在 4 月 2 日之前不要出售上述产品，遭到丙公司拒绝。

建关系　读完材料第 4 自然段，再次建立“关系图”。

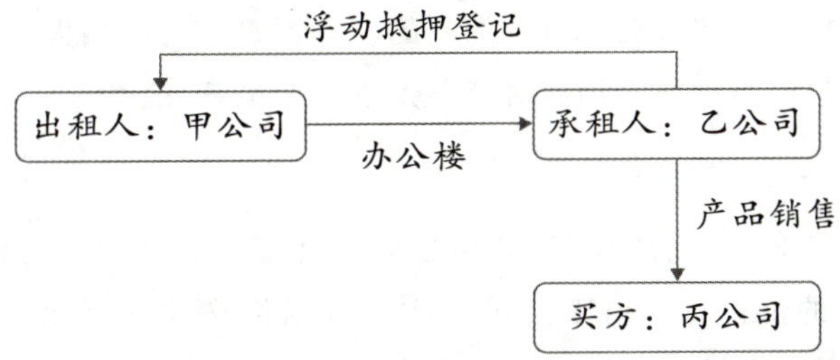

提问 3：
2022 年 3 月 20 日，甲公司是否有权要求丙公司在 4 月 2 日之前不要出售其从乙公司购买的产品？并说明理由。

思考路径　动产抵押（含浮动抵押）：
①无论有无抵押登记：不得对抗符合三项条件的买受人（正常经营活动+已支付合理价款+取得抵押财产）；
②未经登记：不得对抗善意第三人。

参考答案　甲公司无权要求丙公司在 4 月 2 日之前不要出售其从乙公司购买的产品。根据规定，浮动抵押权无论是否办理抵押登记，均不得对抗正常经营活动中已支付合理价款并取得抵押财产的买受人。

2022 年 4 月 1 日，乙公司为支付租金向甲公司签发了一张金额为 20 万元的转账支票。甲公司于 2022 年 4 月 15 日才向支票上记载的付款银行提示付款，被银行拒绝。甲公司要求乙公司重新签发支票或者直接付款，乙公司认为因甲公司原因导致支票超过提示付款期限，乙公司不再对甲公司承担票据责任。

提问 4：

乙公司认为因甲公司原因导致支票超过提示付款期限，乙公司不再对甲公司承担票据责任，是否符合法律规定？并说明理由。

思考路径 看清是什么票：

远期商业汇票	超过提示付款期限，丧失对前手的追索权，但不丧失对出票人、承兑人的追索权
支票、本票、银行汇票	超过提示付款期限，丧失对前手的追索权，但不丧失对出票人的追索权

参考答案 不符合法律规定。根据规定，支票的持票人应当自出票日起 10 日内提示付款。持票人超过提示付款期限的，并不丧失对出票人的追索权。在票据权利消灭时效内，出票人仍应对持票人承担票据责任。

2022 年 4 月 25 日，甲公司与丁公司签订办公楼买卖合同，将已经出租给乙公司的办公楼以 3000 万元的价格转让给丁公司，低于市场价格 500 万元。丁公司于 4 月 27 日支付价款并办理了不动产转移登记。4 月 28 日，乙公司得知甲公司已经将办公楼转让给丁公司，遂向人民法院提起诉讼，以侵犯承租人优先购买权为由，请求确认甲公司与丁公司的买卖合同无效。

建关系 读完材料第 6 自然段，再次建立“关系图”。

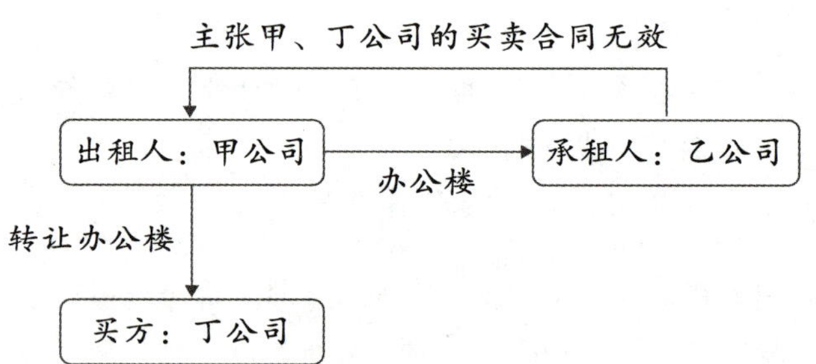

提问 5：

2022 年 4 月 28 日，乙公司请求确认甲公司与丁公司的买卖合同无效，人民法院是否应予支持？并说明理由。

思考路径 侵犯优先购买权：不得主张买卖合同无效，可以要求出租方赔偿。

参考答案　不予支持。根据规定，出租人未通知承租人或者有其他妨害承租人行使优先购买权情形的，承租人可以请求出租人承担赔偿责任。但出租人与第三人订立的房屋买卖合同的效力不受影响。

甲公司的小股东张某经调查发现，根据甲公司章程规定，公司对外签订 2000 万元以上的合同需要经过董事会和监事会会议表决通过，甲公司与丁公司签订办公楼买卖合同时仅由董事长兼总经理李某签字同意，并未召开董事会和监事会会议，违反了公司章程的规定且给公司造成了 500 万元的损失。2022 年 5 月 6 日，张某以李某执行公司职务时违反公司章程的规定为由，直接以自己的名义向人民法院提起诉讼，请求李某向甲公司承担赔偿责任。

提问 6：
2022 年 5 月 6 日，张某能否直接以自己的名义提起诉讼？并说明理由。

思考路径　股东代表诉讼的步骤：

董、高造成公司损失	股东请求监事会向法院提起诉讼→股东自己向法院提起诉讼
监事造成公司损失	股东请求董事会向法院提起诉讼→股东自己向法院提起诉讼
他人造成公司损失	股东请求董事会或监事会向法院提起诉讼→股东自己向法院提起诉讼

其中，股东自己提起诉讼的条件：①拒绝诉讼；②拖延诉讼（30 日）；③情况紧急。

参考答案　张某不能直接以自己的名义提起诉讼。根据规定，董事、高级管理人员执行公司职务时违反法律、行政法规或者公司章程的规定，给公司造成损失的，有限责任公司的股东可以书面请求监事会或者不设监事会的有限责任公司的监事向人民法院提起诉讼。监事会、不设监事会的有限责任公司的监事收到书面请求后拒绝提起诉讼，或者自收到请求之日起 30 日内未提起诉讼，或者情况紧急、不立即提起诉讼将会使公司利益受到难以弥补的损害的，股东有权为了公司的利益以自己的名义直接向人民法院提起诉讼。

2021 年简答题

2021 年 1 月 10 日，出租人刘某和承租人王某签订房屋租赁合同，约定租赁期限为 30 年，第一年租金为 2 万元，从第二年起租金按一定比例逐年增加。次日，王某搬入该房屋。

建关系 读完材料第 1 自然段，建立“关系图”。

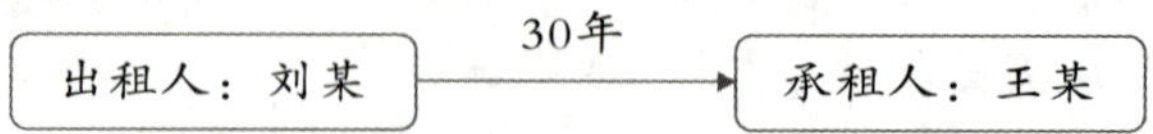

提问 1：

刘某和王某对房屋租赁期限的约定，是否符合法律规定？简要说明理由。

思考路径 租赁期限的上限为 20 年，超过上限并不会导致合同无效，**仅超过部分无效**。

参考答案 刘某和王某对房屋租赁期限的约定不符合法律规定。根据规定，租赁期限不得超过 20 年。超过 20 年的，超过部分无效。

2021 年 4 月，刘某将该房屋出售给张某并办理了房屋产权转移登记。张某随后要求王某搬离该房屋，王某以租赁期限尚未届满为由拒绝。

2021 年 5 月，王某向刘某表示自己愿意购买该房屋，以刘某侵犯其承租人的优先购买权为由，主张刘某与张某之间的房屋买卖合同无效。

建关系 读完材料第 2、3 自然段，再次建立“关系图”。

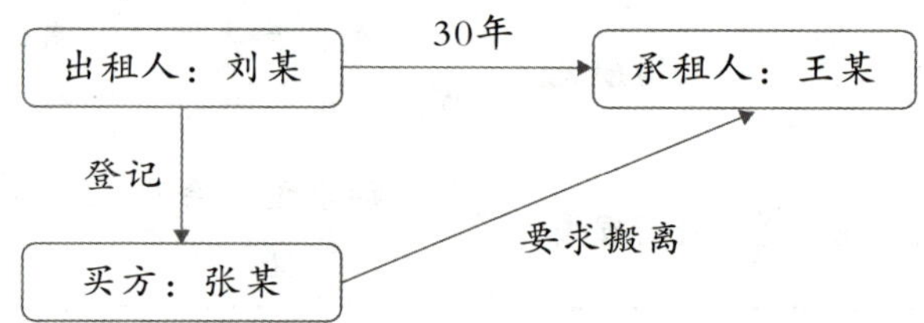

提问 2：

张某要求王某搬离该房屋，是否符合法律规定？简要说明理由。

思考路径 买卖不破租赁。

参考答案 张某要求王某搬离该房屋不符合法律规定。根据规定，租赁物在承租人按照租赁合同占有期限内发生所有权变动的，不影响租赁合同的效力。

提问 3：

王某主张刘某与张某之间的房屋买卖合同无效，是否符合法律规定？简要说明理由。

思考路径 侵犯优先购买权：不得主张买卖合同无效，可以要求出租方赔偿。

参考答案 主张房屋买卖合同无效不符合法律规定。根据规定，出租人未通知承租人或者有其他妨害承租人行使优先购买权情形的，承租人可以请求出租人承担赔偿责任。但是，出租人与第三人订立的房屋买卖合同的效力不受影响。

2020 年简答题 1 改

2019 年 3 月 1 日，王某向李某购买一套二手房，双方签订的买卖合同约定，房屋总价款 200 万元，合同签订当日，王某需向李某交付定金 40 万元，合同签订后 15 天内，王某交付购房款 30 万元，剩余款项在 2019 年 3 月 31 日前付清；任何一方违约致使合同目的不能实现，须按合同总价款的 20% 向对方支付违约金。

合同签订当日，王某将 30 万元作为定金交付给李某。2019 年 3 月 10 日，王某向李某交付购房款 30 万元。

2019 年 3 月 20 日，李某告知王某，其 3 日前和陈某签订了该房屋的买卖合同，并已将房屋转移登记给陈某。因违约赔偿纠纷，王某于 2019 年 4 月 15 日向法院提起诉讼，请求事项如下：（1）解除与李某签订的房屋买卖合同；（2）李某返还 30 万元购房款及其利息；（3）李某双倍返还定金 80 万元；（4）李某支付违约金 40 万元。

李某答辩如下：（1）定金应为实际交付的数额 30 万元，双倍返还定金数额应为 60 万元；（2）王某不能同时主张定金和违约金责任。

建关系　读完材料内容，建立"关系图"。

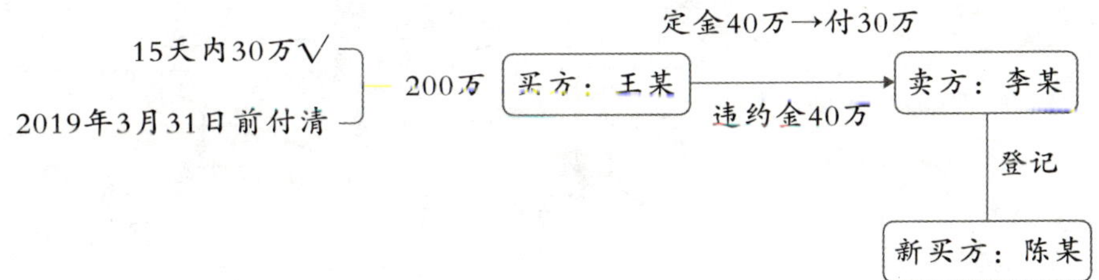

提问 1：

李某抗辩（1）是否成立？简要说明理由。

思考路径　实际交付的定金和约定的不符，关键看对方是否接受：若接受，按变更定金数额处理；若不接受，定金合同不生效。

参考答案　李某抗辩（1）成立。根据规定，实际交付的定金数额多于或者少于约定数额的，视为变更约定的定金数额。在本题中，双方约定定金数额 40 万元，王某实际交付定金 30 万元，李某没有提出异议，视为约定的定金数额已变更，李某的抗辩成立。

提问 2：

李某抗辩（2）是否成立？简要说明理由。

思考路径　违约金和定金不能同时适用。

参考答案 李某抗辩（2）成立。根据规定，当事人既约定违约金，又约定定金的，一方违约时，对方可以选择适用违约金或者定金条款。

2020年简答题2

2019年1月1日，陈某向李某租赁房屋，双方签订租赁合同约定：租赁期限为3年。月租金为1万元。2019年9月1日，李某告知陈某，打算将租赁房屋以500万元出售给自己的舅舅高某，陈某未作回应。2019年9月18日，李某与高某签订房屋买卖合同，并于次日办理了房屋产权转移登记。

其后，高某要求陈某搬离房屋而与陈某发生纠纷，陈某遂以李某、高某为被告，向法院提起诉讼，请求李某承担因侵犯其优先购买权的赔偿责任。并请求高某继续履行租赁合同直至原定3年租期届满。李某抗辩称，陈某无权优先购买租赁房屋，理由如下：（1）自己系将租赁房屋出售给亲戚；（2）自告知出售房屋事宜起，陈某在15日内未明确表示购买。所以，自己无须承担赔偿责任。高某则坚持主张自己有权要求陈某搬离租赁房屋。

建关系 读完材料第1、2自然段，建立“关系图”。

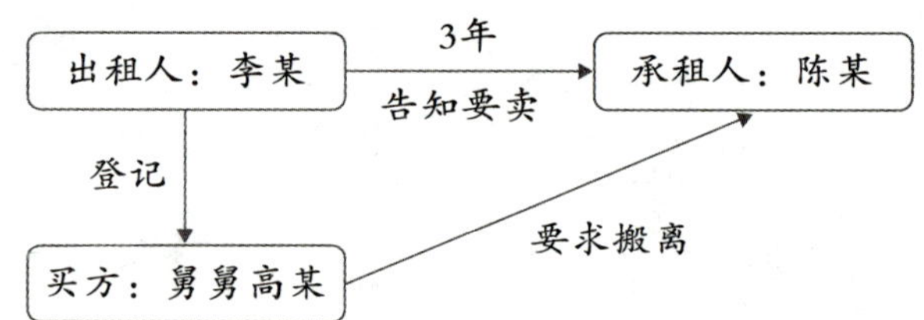

提问1：

李某主张陈某无权优先购买租赁房屋的理由（1）是否成立？简要说明理由。

思考路径 关键判断舅舅是否为近亲属。

参考答案 李某主张陈某无权优先购买租赁房屋的理由（1）不成立。根据规定，出租人将房屋出卖给近亲属（包括配偶、父母、子女、兄弟姐妹、祖父母、外祖父母、孙子女、外孙子女）的，承租人不享有优先购买权。在本题中，舅舅不属于李某的近亲属。

提问2：

李某主张陈某无权优先购买租赁房屋的理由（2）是否成立？简要说明理由。

思考路径 出租方通知后，关键是要判断承租方是否在法定期限内明确作出购买的意思表示。

参考答案 李某主张陈某无权优先购买租赁房屋的理由（2）成立。根据规定，出租人履行通知义务后，承租人在15日内未明确表示购买的，视为承租人放弃优先购买权。

提问3：

高某是否有权要求陈某搬离租赁房屋？简要说明理由。

思考路径 买卖不破租赁。

参考答案 高某无权要求陈某搬离租赁房屋。根据规定，租赁物在承租人按照租赁合同占有期限内发生所有权变动的，不影响租赁合同的效力。

2020年综合题改

2018年1月，陈某、王某、林某共同出资设立甲普通合伙企业（以下简称“甲企业”）。合伙人一致决定，由陈某执行合伙企业事务；并约定：标的额超过50万元的交易，包括借贷，需经全体合伙人一致同意。

2018年10月，为扩大合伙企业经营规模，陈某未经其他合伙人同意，代表甲企业向善意的郑某借款100万元，双方签订借款合同，约定借款期限为1年。陈某的朋友李某并未与郑某签订保证合同，但借款合同中有经李某签字的保证条款。陈某的另一朋友蔡某与郑某签订抵押合同，以其车辆为该借款提供抵押担保，但未办理抵押登记。

建关系 读完材料第1、2自然段，建立“关系图”。

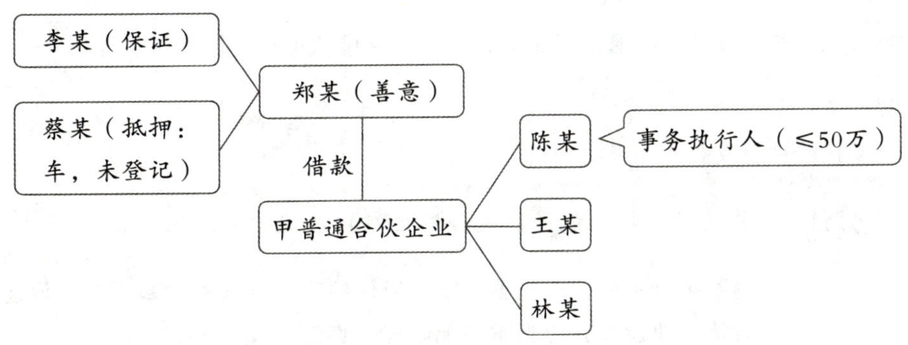

2019年1月，经陈某、王某同意，林某退出合伙企业。同月，赵某加入合伙企业。

2019年10月，借款期满，甲企业无力清偿借款本息，郑某以甲企业、陈某、王某、林某、赵某、李某、蔡某为被告，向法院提起诉讼，请求甲企业清偿借款本息，陈某、王某、林某、赵某对该债务承担无限连带责任，请求李某对该债务承担保证责任，请求实现在蔡某车辆上设立的抵押权。

建关系 读完材料第3、4自然段，再次建立"关系图"。

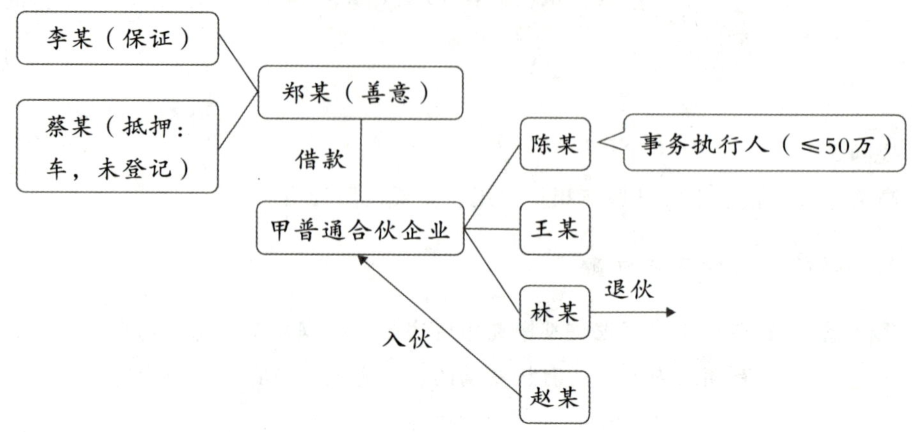

对于郑某的诉讼请求，王某抗辩称：陈某代表甲企业向郑某的借款，超出了甲企业对陈某的交易限制，该借款合同应属无效。

提问1：
借款合同是否有效？并说明理由。

思考路径 超越内部限制执行合伙事务，关键看第三人是否为善意。

参考答案 借款合同有效。根据规定，合伙企业对合伙人执行合伙事务以及对外代表合伙企业权利的限制，不得对抗善意第三人。

林某抗辩称：自己已经退出甲企业，无须对该借款承担无限连带责任。

提问2：
林某抗辩是否成立？并说明理由。

思考路径 关键是要判断该借款是否发生在林某退伙前。

参考答案 林某抗辩不成立。根据规定，退伙的普通合伙人对基于其退伙前的原因发生的合伙企业债务，应当承担无限连带责任。

赵某抗辩称，自己在借款合同签订之后才加入甲企业，无须对该借款承担无限连带责任。

提问3：
赵某抗辩是否成立？并说明理由。

思考路径　普通合伙人入伙：对入伙前、入伙后的企业债务均承担无限连带责任。

参考答案　赵某抗辩不成立。根据规定，新入伙的普通合伙人对入伙前合伙企业的债务承担无限连带责任。

李某抗辩称：（1）自己未曾与郑某签订保证合同，无须承担保证责任；（2）即使保证成立，郑某也应先实现在蔡某车辆上设立的抵押权。
已知：郑某与李某、蔡某就实现担保权利的顺序未作约定。

提问4：
李某抗辩（1）是否成立？并说明理由。

思考路径　保证合同有若干种呈现形式：①单独订立的保证合同；②主债权债务合同里的保证条款；③第三人单方以书面形式向债权人作出保证，债权人接收且未提出异议的。

参考答案　李某抗辩（1）不成立。根据规定，保证合同可以是单独订立的书面合同，也可以是主债权债务合同里的保证条款。

提问5：
李某抗辩（2）是否成立？并说明理由。

思考路径　共同担保的行使顺序：按约定→看谁提供物保（债务人提供，先物后人；第三人提供，或物或人）。

参考答案　李某抗辩（2）不成立。根据规定，被担保的债权既有物的担保又有人的担保的，债务人不履行到期债务或者发生当事人约定的实现担保物权的情形，债权人应当按照约定实现债权；没有约定或者约定不明确，第三人提供物的担保的，债权人可以就物的担保实现债权，也可以请求保证人承担保证责任。

蔡某抗辩称：车辆抵押未办理登记，抵押权未设立。

提问6：
蔡某抗辩是否成立？并说明理由。

思考路径　区分动产和不动产抵押的要求：不动产（除土地经营权）的抵押权登记设立；动产的抵押权在合同生效时设立，登记对抗。

参考答案　蔡某抗辩不成立。根据规定，以动产抵押的，抵押权自抵押合同生效时设立，未经登记，不得对抗善意第三人。

2019年简答题1

2021年1月，甲公司与乙公司签订融资租赁合同。甲公司根据乙公司的选择，向丙公司购买了1台大型设备，出租给乙公司使用。设备保修期过后，该设备不能正常运行，且在某次事故中造成员工李某受伤。乙公司要求甲公司履行维修义务，承担设备不符合约定的违约责任，并对李某所受损害承担赔偿责任。甲公司表示拒绝，乙公司遂以此为由拒绝支付租金。

已知：对于租赁物维修义务，以及租赁物不符合约定及其造成第三人损害的责任承担，融资租赁合同未作特别约定。

建关系 读完材料内容，建立“关系图”。

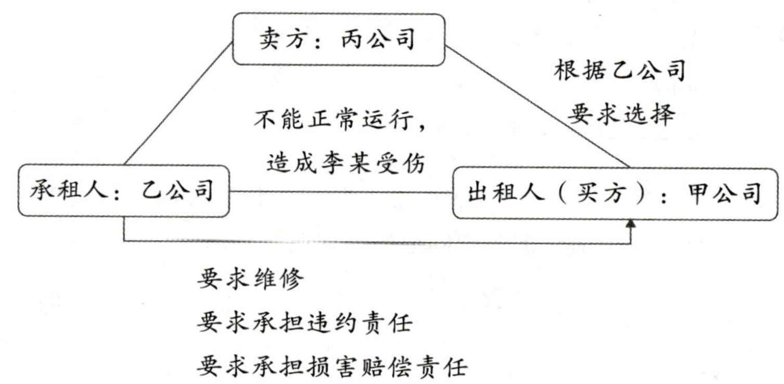

提问1：

甲公司是否应履行维修义务？简要说明理由。

思考路径 租赁合同：一般出租方有维修义务；融资租赁合同：承租方有维修义务。

参考答案 甲公司无须履行维修义务。根据规定，在融资租赁合同中，承租人应当履行占有租赁物期间的维修义务。

提问2：

甲公司是否应承担设备不符合约定的违约责任？简要说明理由。

思考路径 根据承租人选择，出租方仅按照要求购买，无须承担租赁物不符合约定的违约责任。

参考答案 甲公司无须承担设备不符合约定的违约责任。根据规定，租赁物不符合约定或者不符合使用目的的，出租人不承担责任。但是，承租人依赖出租人的技能确定租赁物或者出租人干预选择租赁物的除外。

提问3：

甲公司是否应对李某所受损害承担赔偿责任？简要说明理由。

思考路径　租赁物为承租方占有，责任应由承租方承担，而非出租方。

参考答案　甲公司不应对李某所受损害承担赔偿责任。根据规定，融资租赁合同的承租人占有租赁物期间，租赁物造成第三人人身损害或者财产损失的，出租人不承担责任。

2019年简答题2

2017年1月15日，甲公司向乙公司借款1000万元。双方签订借款合同约定：借款期限1年，年利率为10%，借款期满还本付息。甲公司将厂房抵押给乙公司，办理了抵押权登记。2017年2月1日，甲公司将该厂房出租给丙公司，但未将厂房抵押情况告知丙公司。

借款到期后，甲公司无力还款，所剩主要资产为该出租的厂房。2018年2月25日，由于甲公司法定代表人陈某与乙公司存在利益关联关系，甲、乙公司订立如下折价协议：将市场价值1500万元的该厂房折价为1200万元；该厂房由乙公司取得所有权；折价所得款项全部偿还所欠乙公司的借款本息。此时，丙公司对厂房的租期还有1年才到期。

建关系　读完材料第1、2自然段，建立“关系图”。

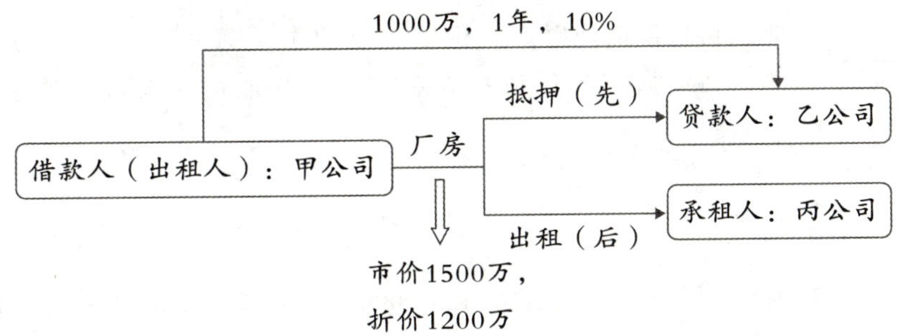

2018年3月，乙公司接收厂房的过程中，先后发生如下事项：

（1）乙公司表示租赁关系的存在使得售价降低，影响了担保权的实现，要求丙公司在一周内腾退厂房，丙公司要求乙公司继续履行原租赁合同。

提问1：

丙公司能否要求乙公司继续履行原租赁合同？简要说明理由。

思考路径　先抵后租：

①若为不动产、已登记的动产，租赁不得对抗抵押；

②若为未登记的动产，善意承租人能对抗抵押。

参考答案 丙公司不能要求乙公司继续履行原租赁合同。根据规定，若抵押权已登记，其具有对抗第三人的效力，且抵押权设立在先，则租赁权不得对抗抵押权。所谓租赁权不得对抗已登记的抵押权，是指因租赁关系的存在致使抵押权行使时无人购买抵押物或售价降低导致不利于被担保债权实现等情况下，抵押权人有权主张租赁关系终止。

（2）甲公司债权人丁公司因甲公司不能清偿其于2018年1月31日到期的200万元债权，向人民法院起诉请求撤销甲、乙公司的厂房折价协议。

提问2：

丁公司是否可以起诉要求撤销甲、乙公司的厂房折价协议？简要说明理由。

思考路径 第一步，实现抵押权的方式：折价或以拍卖、变卖财产所得的价款优先受偿；

第二步，若为折价方式，判断协议是否损害其他债权人，存在损害可以请求撤销。

参考答案 丁公司可以起诉要求撤销甲、乙公司的厂房折价协议。根据规定，债务人不履行到期债务或者发生当事人约定的实现抵押权的情形，抵押权人可以与抵押人协议以抵押财产折价或者以拍卖、变卖该抵押财产所得的价款优先受偿。协议损害其他债权人利益的，其他债权人可以请求人民法院撤销该协议。

2019年综合题

2021年4月1日，甲公司向乙公司借款3000万元，双方签订借款合同约定：借款期限1年；借款年利率10%；逾期年利率15%；借款方违约，须以借款本金为基数承担日0.2‰的违约金（按365天计，折算成年违约金率为7.3%）。已知，2021年4月一年期贷款市场报价利率为3.85%。

为担保借款，甲公司将其一闲置厂房抵押给乙公司，办理了抵押登记。甲公司另以其现有的以及将有的生产设备、原材料、半成品、产品为乙公司设定浮动抵押，办理了抵押登记。此外，甲公司的董事长陈某为该借款提供保证担保，与乙公司签订保证合同，保证合同未约定保证方式。甲公司、陈某与乙公司未约定担保权利行使的顺序。

2021年6月1日，甲公司将抵押厂房出租给丙公司，租期3年。出租前，甲公司书面告知丙公司该厂房已为他人设定抵押。

借款期满，甲公司无力清偿到期债务。乙公司调查发现，甲公司用以设定浮动抵押的某生产设备，被丁修理厂依法留置；另有某一产品（已知该产品属于甲公司营业执照记载的经营范围内）被戊公司支付合理价款购买取得。

建关系　读完材料第 1~4 自然段，建立“关系图”。

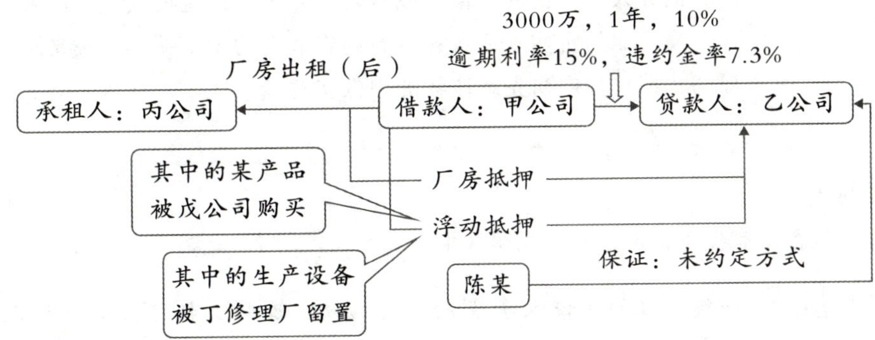

2022 年 8 月 1 日，因债权实现纠纷，乙公司以甲公司、陈某、丁修理厂、戊公司为被告向人民法院起诉，主张如下：甲公司承担返还借款本息及违约金责任；就甲公司设定抵押的厂房、生产设备、产品等抵押物行使抵押权，包括被丁修理厂留置的生产设备及被戊公司购买的产品；陈某承担连带保证责任。甲公司抗辩：乙公司不得同时主张逾期利息与违约金。

提问 1：

乙公司能否同时主张逾期利息和违约金？并说明理由。

思考路径　针对逾期利息和违约金：①主张其一；②同时主张，总计≤4 倍合同成立时 1 年期 LPR。

另外，本题若问能否按照合同约定主张逾期利息和违约金，则回答“不可以”，因为按照合同约定，即主张 22.3%（15%＋7.3%），超过上限(3.85%×4＝15.4%)。

参考答案　乙公司可以同时主张逾期利息和违约金。根据规定，出借人与借款人既约定了逾期利率，又约定了违约金或者其他费用，出借人可以选择主张逾期利息、违约金或者其他费用，也可以一并主张，但是总计超过合同成立时一年期贷款市场报价利率 4 倍的部分，人民法院不予支持。

陈某抗辩如下：(1) 乙公司应先行使抵押权；(2) 自己只承担一般保证责任，享有先诉抗辩权，乙公司在就债务人甲公司财产依法强制执行仍不能实现债权之前，不能要求保证人承担保证责任。

提问 2：

陈某的抗辩 (1) 是否成立？并说明理由。

思考路径　共同担保的行使顺序：按约定→看谁提供物保（债务人提供，先物后人；第三人提供，或物或人）。

参考答案 陈某的抗辩（1）成立。根据规定，被担保的债权既有物的担保又有人的担保的，债务人不履行到期债务或者发生当事人约定的实现担保物权的情形，债权人应当按照约定实现债权；没有约定或者约定不明确，债务人自己提供物的担保的，债权人应当先就该物的担保实现债权。

提问3：

陈某是否享有先诉抗辩权？并说明理由。

思考路径 一般保证的保证人享有先诉抗辩权，连带责任保证的保证人不享有先诉抗辩权。

参考答案 陈某享有先诉抗辩权。根据规定，当事人在保证合同中对保证方式没有约定或者约定不明确的，按照一般保证承担保证责任。一般保证的保证人享有先诉抗辩权。

丁修理厂主张，其留置权行使应优先于乙公司抵押权的行使。

提问4：

丁修理厂的主张是否成立？并说明理由。

思考路径 顺位：①留置权→抵押权或者质权；②抵押权和质权：看登记、交付的先后。

参考答案 丁修理厂的主张成立。根据规定，同一动产上已经设立抵押权或者质权，该动产又被留置的，留置权人优先受偿。

戊公司主张乙公司无权在其购买的产品上行使抵押权。

提问5：

乙公司能否在戊公司购买的产品上行使抵押权？并说明理由。

思考路径 买受人（正常经营活动+支付对价+交付），可以对抗动产抵押的抵押权人。

参考答案 乙公司不能在戊公司购买的产品上行使抵押权。根据规定，以动产抵押的，不得对抗正常经营活动中已经支付合理价款并取得抵押财产的买受人。

2018 年简答题

2016 年 5 月，甲公司将一厂房出租给乙公司，租期 5 年，月租金 3 万元。租赁合同签订前，甲公司书面告知乙公司该厂房已为丙银行设定抵押权，办理了抵押登记，用以担保甲公司向丙银行的借款本金 1000 万元及其利息。

建关系　读完材料第 1 自然段，建立“关系图”。

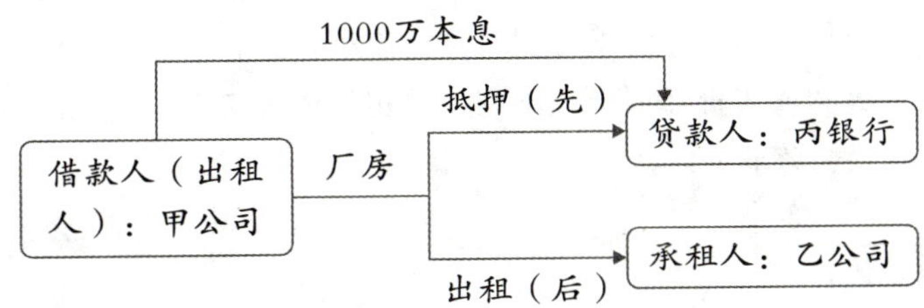

2018 年 6 月，甲公司不能履行对丙银行的到期借款债务，致使厂房被人民法院依法扣押，此时，乙公司已拖欠甲公司 3 个月租金 9 万元。丙银行通知乙公司应向其交付租金，乙公司认为厂房租赁合同的出租人是甲公司，而非丙银行，因此拒绝向丙银行交付租金。丙银行表示租赁关系的存在致使厂房售价降低，应当终止租赁关系。

建关系　读完材料第 2 自然段，再次建立“关系图”。

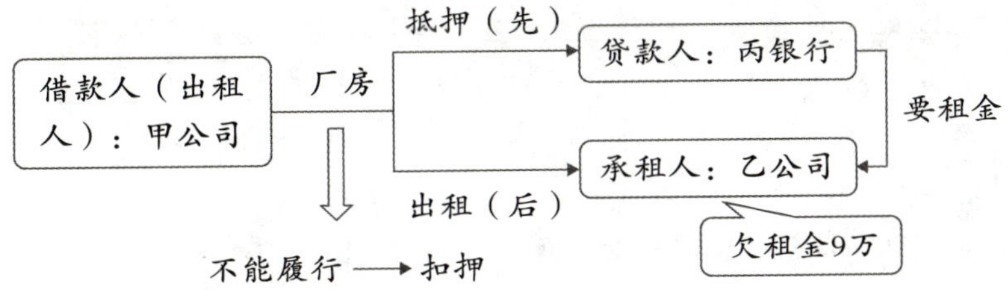

提问 1：

乙公司拒绝向丙银行交付租金是否符合法律规定？简要说明理由。

思考路径　租金属于法定孳息；孳息的收取权在抵押期间属于抵押人，在扣押之后属于抵押权人。

参考答案　乙公司拒绝向丙银行交付租金不符合法律规定。根据规定，债务人不履行到期债务或者发生当事人约定的实现抵押权的情形，致使抵押财产被人民法院依法扣押的，自扣押之日起，抵押权人有权收取该抵押财产的天然孳息或者法定孳息，但是抵押权人未通知应当清偿法定孳息义务人的除外。在本题中，租金为法定孳息，在厂房被扣押之日起，丙银行有权收取租金。

提问 2：

丙银行能否向乙公司主张租赁终止？简要说明理由。

思考路径 先抵后租：①若为不动产、已登记的动产，租赁不得对抗抵押；②若为未登记的动产，善意承租人能对抗抵押。

参考答案 丙银行有权向乙公司主张租赁终止。根据规定，若抵押权已登记，其具有对抗第三人的效力，且抵押权设立在先，则租赁权不得对抗抵押权。所谓租赁权不得对抗已登记的抵押权，是指因租赁关系的存在致使抵押权行使时无人购买抵押物或售价降低导致不利于被担保债权实现等情况下，抵押权人有权主张租赁关系终止。

2018 年综合题

甲公司需要使用乙公司生产的一套精密仪器，但无力购买，遂请求丙公司购买并租给自己。甲、丙公司签订融资租赁合同，约定如下：丙公司购买乙公司精密仪器，价款 500 万元；甲公司租赁该仪器 10 年，年租金 80 万元。

建关系 读完材料第 1 自然段，建立“关系图”。

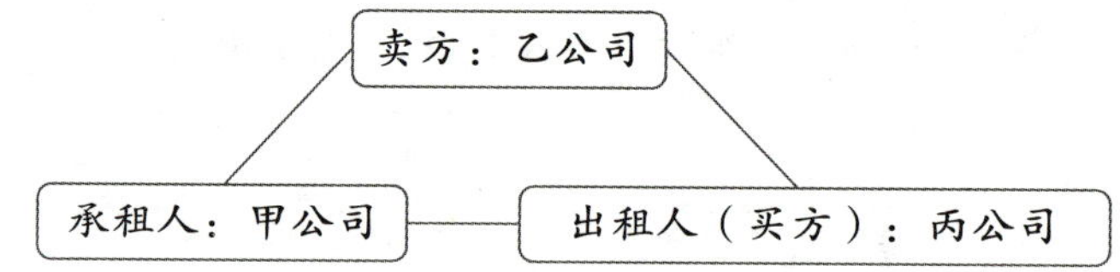

提问 1：

融资租赁期间，该精密仪器归谁所有？并说明理由。

思考路径 租赁物归属：①租赁期间，属于出租人；②租赁期满，约定→依照《民法典》的规定→属于出租人。

参考答案 融资租赁期间，该精密仪器归丙公司所有。根据规定，在融资租赁期间，出租人对租赁物享有所有权，未经登记，不得对抗善意第三人。

丙公司为支付货款向丁公司借款 100 万元，双方约定：借款期限 6 个月，利息 10 万元，预先在本金中扣除。丁公司实际支付丙公司 90 万元。为担保该借款债权，丙公司以其一台价值 40 万元的车辆抵押，与丁公司签订了抵押合同；戊公司作为保证人与丁公司签订了保证合同，保证合同未约定保证方式；丁公司与丙、戊公司未约定行使担保权利的顺序。

丙公司和丁公司约定的借款期限届满后，丙公司未能清偿借款。丁公司拟行使抵押权，发现丙公司因拖欠辛公司10万元仓储费用，抵押车辆在前往辛公司提取仓储物时，被辛公司留置。

建关系　读完材料第2、3自然段，再次建立“关系图”。

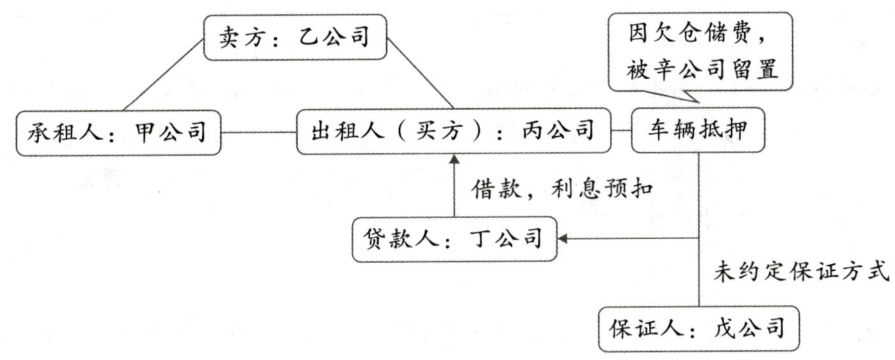

提问2：

丙公司向丁公司借款的本金是多少？并说明理由。

思考路径　利息预先在本金中扣除，以扣除利息后的金额作为本金。

参考答案　丙公司向丁公司的借款本金为90万元。根据规定，借款的利息不得预先在本金中扣除。利息预先在本金中扣除的，应当按照实际借款数额返还借款并计算利息。

丁公司主张就被留置车辆行使抵押权，理由如下：

(1) 辛公司扣留车辆，与其享有的仓储费债权不属于同一法律关系，故辛公司无权留置车辆；

提问3：

丁公司主张行使抵押权的理由（1）是否符合法律规定？并说明理由。

思考路径　能否留置：

		债务人财产	第三人财产
非商事留置	同一法律关系	√	√
	非同一法律关系	×	×

		债务人财产	第三人财产
商事留置	同一法律关系	√	√
	非同一法律关系	√ （持续经营债权）	×

参考答案 丁公司主张行使抵押权的理由（1）不符合法律规定。根据规定，债权人留置的动产，应当与债权属于同一法律关系，但企业之间留置的除外。在本题中，由于丙公司、辛公司均为企业，因此辛公司留置的车辆无须与仓储费属于同一法律关系。

（2）即使辛公司有权留置车辆，因抵押权设立在先，丁公司有权优先行使抵押权。

提问4：
丁公司主张行使抵押权的理由（2）是否符合法律规定？并说明理由。

思考路径 顺位：①留置权→抵押权或者质权；②抵押权和质权：看登记、交付的先后。

参考答案 丁公司主张行使抵押权的理由（2）不符合法律规定。根据规定，同一动产上已设立抵押权或者质权，该动产又被留置的，留置权人优先受偿。

丁公司要求保证人戊公司承担连带保证责任，戊公司抗辩如下：
（1）该借款债权还存在抵押担保，丁公司应先实现抵押权；

提问5：
戊公司的抗辩理由（1）是否成立？并说明理由。

思考路径 共同担保的行使顺序：按约定→看谁提供物保（债务人提供，先物后人；第三人提供，或物或人）。

参考答案 戊公司的抗辩理由（1）成立。根据规定，被担保的债权既有物的担保又有人的担保，债务人不履行到期债务或发生当事人约定的实现担保物权的情形，债权人应当按照约定实现债权；没有约定或者约定不明确，债务人自己提供物的担保的，债权人应当先就该物的担保实现债权。

（2）对于抵押担保不足清偿的部分，戊公司只承担一般保证责任，即承担丙公司财产不足以清偿借款部分的补充保证责任。

提问 6：

戊公司的抗辩理由（2）是否成立？并说明理由。

思考路径　没有约定或者约定不明的处理：

保证方式	一般保证
保证范围	保证人应当对全部债务（主债权及利息、违约金、损害赔偿金和实现债权的费用）承担责任
保证期间	主债务履行期届满之日起 6 个月

参考答案　戊公司的抗辩理由（2）成立。根据规定，当事人在保证合同中对保证方式没有约定或者约定不明确的，按照一般保证承担保证责任。

2017 年简答题 1

2015 年 9 月 1 日，周某向梁某借款 50 万元，双方签订了借款合同，借款期限 1 年，年利率为 12%，甲幼儿园（已知该园系以公益为目的的非营利法人）以自己名义为周某的该笔借款提供担保，与梁某签订了一份加盖甲幼儿园公章的保证合同。借款期限届满后，周某无力清偿借款本息。

2016 年 10 月 10 日，梁某请求甲幼儿园承担保证责任，甲幼儿园以保证合同无效为由拒绝。

建关系　读完材料第 1、2 自然段，建立"关系图"。

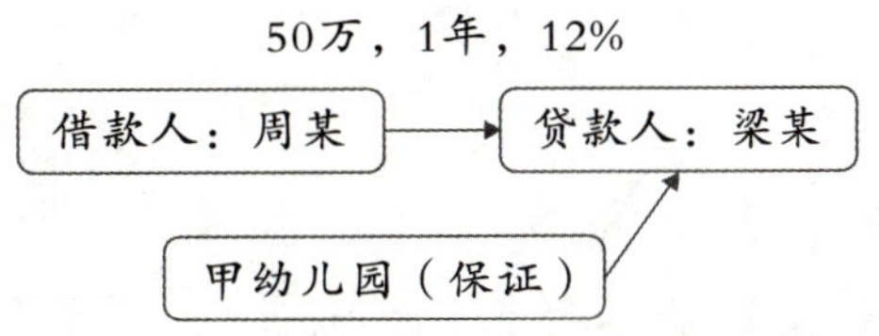

提问 1：

甲幼儿园拒绝承担保证责任是否合法？简要说明理由。

思考路径　判断保证人的身份：甲幼儿园为以公益为目的的非营利法人。该身份决定了甲幼儿园不能做保证人，签订的保证合同无效。

参考答案　甲幼儿园拒绝承担保证责任合法。根据规定，以公益为目的的非营利法人、非法人组织不得为保证人。在本题中，甲幼儿园为以公益为目的的非营利法人，其与梁某签订的保证合同无效，因此甲幼儿园拒绝承担保证责任合法。

2016年12月1日，梁某调查发现，周某于2016年1月1日将一辆价值10万元的轿车赠送给亲戚郑某。2017年1月20日，梁某提起诉讼请求撤销赠与行为，郑某抗辩：

（1）自己不知道周某无力清偿欠款，属于善意第三人，梁某无权请求撤销；

（2）自2016年1月1日赠与行为发生至梁某起诉，已经超过可以行使撤销权的1年法定期间，梁某无权请求撤销。

建关系 读完材料第3自然段，再次建立“关系图”。

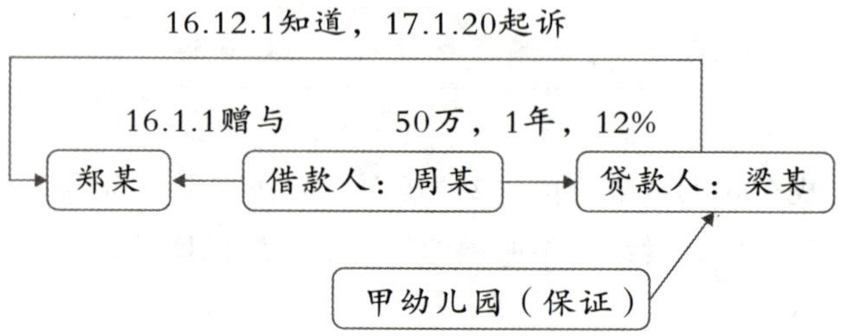

16.12.1知道，17.1.20起诉

16.1.1赠与 50万，1年，12%

郑某 ← 借款人：周某 → 贷款人：梁某

甲幼儿园（保证）→ 贷款人：梁某

提问2：

郑某抗辩理由（1）是否成立？简要说明理由。

思考路径 无偿处分不需要考虑是否善意，有偿行为（如不合理的价格交易）需要考虑相对人是否善意。

参考答案 郑某抗辩理由（1）不成立。根据规定，债务人以放弃其债权、放弃债权担保、无偿转让财产等方式无偿处分财产权益，或者恶意延长其到期债权的履行期限，影响债权人的债权实现的，债权人可以请求人民法院撤销债务人的行为。

提问3：

郑某抗辩理由（2）是否成立？简要说明理由。

思考路径 撤销权期限：发生起5年+知道起1年。

参考答案 郑某抗辩理由（2）不成立。根据规定，撤销权自债权人知道或者应当知道撤销事由之日起1年内行使。在本题中，2016年12月1日梁某调查发现该行为时方构成“知道”撤销事由，截止到2017年1月20日尚未超过1年的撤销权行使期间。

2017年简答题2改

2021年1月，甲个人独资企业（以下简称“甲企业”）向陈某借款50万元，双方签订了借款合同。合同约定：借款期限为6个月，年利率15.4%；利息在返还借款时一并支付。

合同未约定逾期利率。王某、李某为该笔借款提供了保证担保。在王某、李某与陈某签订的保证合同中，当事人未约定保证方式。已知：2021 年 1 月一年期贷款市场报价利率为 3.85%。

建关系　读完材料第 1 自然段，建立“关系图”。

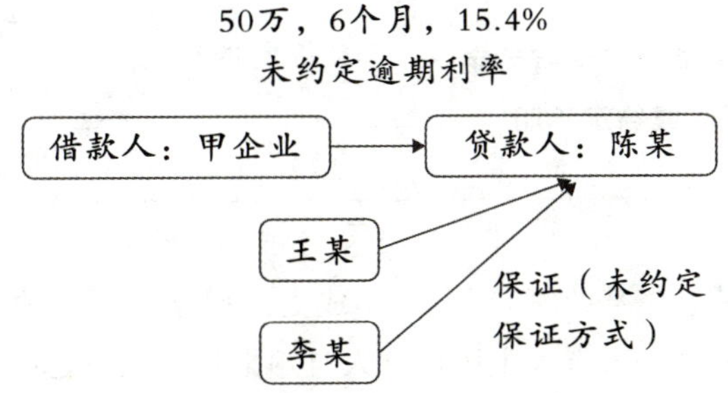

借款期限届满，甲企业无力偿还借款本息，陈某要求保证人承担保证责任。因在保证责任承担上存在分歧，陈某以甲企业、王某、李某为被告，向法院提起了诉讼，要求甲企业偿还借款本息，包括按年利率 15.4% 计算的逾期利息；王某、李某为该债务承担连带保证责任。

庭审中，保证人王某、李某答辩如下：

（1）本案中借款年利率高达 15.4%，明显属于不合法的高利贷，贷款利息应按照银行同期贷款年利率 6% 计算；

提问 1：

王某、李某的答辩（1）是否成立？简要说明理由。

思考路径　借期内利率：

≤LPR4 倍	按约定利率
>LPR4 倍	按 4 倍合同成立时 1 年期 LPR

参考答案　王某、李某的答辩（1）不成立。根据规定，出借人请求借款人按照合同约定利率支付利息的，人民法院应予支持，但是双方约定的利率超过合同成立时一年期贷款市场报价利率 4 倍的除外。在本题中，约定的利率未超过合同成立时一年期贷款市场报价利率 4 倍（3.85%×4 = 15.4%）。

（2）借款合同未约定逾期利率，逾期利息应自逾期还款之日起参照当时一年期贷款市场报价利率标准计算；

提问 2：

王某、李某的答辩（2）是否成立？简要说明理由。

思考路径 逾期利息：

<table>
<tr><td>逾期利率有约定</td><td colspan="2">从其约定，但≤4倍合同成立时1年期LPR</td></tr>
<tr><td rowspan="2">逾期利率没有约定或约定不明</td><td>未约定借期利率</td><td>参照1年期LPR承担逾期还款的违约责任</td></tr>
<tr><td>约定借期利率</td><td>按照借期利率计算</td></tr>
</table>

参考答案 王某、李某的答辩（2）不成立。根据规定，约定了借期内利率但是未约定逾期利率，出借人主张借款人自逾期还款之日起按照借期内利率支付资金占用期间利息的，人民法院应予支持。

（3）本案中，保证人享有先诉抗辩权，陈某应先就甲企业财产申请法院强制执行，不足部分再请求保证人承担保证责任。

提问 3：

王某、李某的答辩（3）是否成立？简要说明理由。

思考路径 一般保证的保证人享有先诉抗辩权，连带责任保证的保证人不享有先诉抗辩权。

参考答案 王某、李某的答辩（3）成立。根据规定，当事人在保证合同中对保证方式没有约定或者约定不明确的，按照一般保证承担保证责任。在本题中，保证合同未约定保证方式，王某和李某按照一般保证承担责任，享有先诉抗辩权。

2016年综合题1改

2012年1月，李某设立了甲一人有限责任公司（以下简称“甲公司”），注册资本为550万元。

2013年1月，甲公司向乙银行借款500万元，双方签订了借款合同，借款期限为2年。陈某单方以书面形式向乙银行作出保证，乙银行接收未提出异议。借款合同包含如下仲裁条款：凡是与本借款合同债务清偿有关的纠纷，应提交A市仲裁委员会仲裁。甲公司以其价值350万元的公司厂房为该笔借款提供了抵押。抵押合同中约定：甲公司无力偿还到期借款本息，该厂房归乙银行所有。双方随后办理了抵押登记。

建关系　读完材料第 1、2 自然段，建立“关系图”。

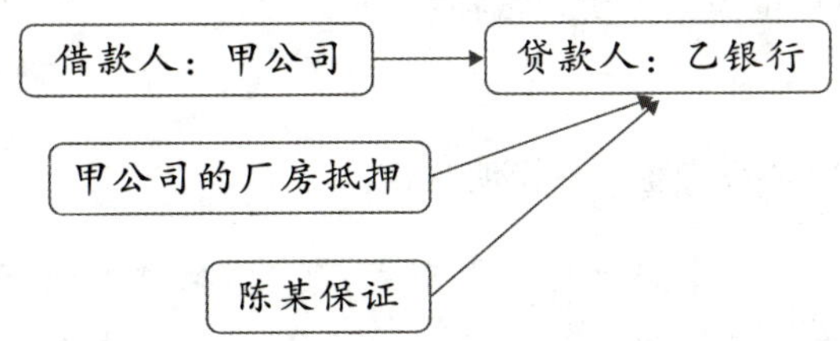

2015 年 1 月，借款期满，甲公司无力偿还到期借款本息。乙银行调查发现，李某在缴纳出资后，通过虚构债权债务关系等方式抽逃了 100 万元出资。为实现借款债权，乙银行以甲公司、李某、陈某为被告向法院提起了诉讼：要求直接取得甲公司厂房的所有权；要求李某在抽逃的 100 万元出资的本息范围内向乙银行承担清偿责任；要求陈某承担担保责任。

在庭审中，甲公司抗辩：(1) 抵押合同中约定的“甲公司无力偿还到期借款本息，该厂房归乙银行所有”违反法律规定，乙银行只能就厂房拍卖、变卖所得价款优先受偿。(2) 借款合同约定了仲裁条款，本案应由 A 市仲裁委员会仲裁。

经查，甲公司、乙银行均未向法院提交仲裁协议；甲公司、陈某与乙银行之间未对实现担保权利的顺序作出特别约定。

提问 1：

甲公司的抗辩 (1) 是否成立？并说明理由。

思考路径　流押条款：该条款无效，只能就抵押财产优先受偿。

参考答案　甲公司的抗辩 (1) 成立。根据规定，抵押权人在债务履行期限届满前，与抵押人约定债务人不履行到期债务时抵押财产归债权人所有的，只能依法就抵押财产优先受偿。

提问 2：

甲公司的抗辩 (2) 是否成立？并说明理由。

思考路径　首次开庭前提交仲裁协议，适用仲裁；否则，法院继续审理。

参考答案　甲公司的抗辩 (2) 不成立。根据规定，当事人达成仲裁协议，一方向人民法院起诉未声明有仲裁协议，人民法院受理后，另一方在首次开庭前提交仲裁协议的，人民法院应当驳回起诉，但仲裁协议无效的除外；另一方在首次开庭前未对人民法院受理该起诉提出异议的，视为放弃仲裁协议，人民法院应当继续审理。在本题中，甲公司、乙银行均未在首次开庭前向法院提交仲裁协议，且甲公司对人民法院受理该案的异议未在首次开庭前提出，应视为放弃仲裁协议，人民法院有权继续审理本案。

陈某抗辩：（1）自己未与乙银行签订保证合同，不应当承担保证责任；（2）即使自己承担保证责任，乙银行也应当先实现抵押权。

提问3：

陈某的抗辩（1）是否成立？并说明理由。

思考路径 保证合同有若干种呈现形式：①单独订立的保证合同；②主债权债务合同里的保证条款；③第三人单方以书面形式向债权人作出保证，债权人接收且未提出异议的。

参考答案 陈某的抗辩（1）不成立。根据规定，第三人单方以书面形式向债权人作出保证，债权人接收且未提出异议的，保证合同成立。

提问4：

陈某的抗辩（2）是否成立？并说明理由。

思考路径 共同担保的行使顺序：按约定→看谁提供物保（债务人提供，先物后人；第三人提供，或物或人）。

参考答案 陈某的抗辩（2）成立。根据规定，被担保的债权既有物的担保又有人的担保，债务人不履行到期债务或发生当事人约定的实现担保物权的情形，债权人应当按照约定实现债权；没有约定或者约定不明确，债务人自己提供物的担保的，债权人应当先就该物的担保实现债权。

李某抗辩：借款合同的债务人是甲公司，自己不应当向乙银行承担借款清偿责任。

提问5：

李某的抗辩是否成立？并说明理由。

思考路径 抽逃出资责任追究：

<table>
<tr><th rowspan="2">追究者</th><th colspan="2">责任</th></tr>
<tr><th>抽逃出资的股东</th><th>协助的其他股东、董事、高管或实际控制人</th></tr>
<tr><td>公司</td><td>返还抽逃出资本息</td><td rowspan="2">与抽逃出资的股东连带</td></tr>
<tr><td>债权人</td><td>在公司不能清偿和抽逃出资本息范围内承担</td></tr>
</table>

参考答案 李某的抗辩不成立。根据规定，公司债权人请求抽逃出资的股东在抽逃出资本息范围内对公司债务不能清偿的部分承担补充赔偿责任，协助抽逃出资的其他股东、董事、高级管理人员或者实际控制人对此承担连带责任的，人民法院应予支持。

2016 年综合题 2

2014 年 7 月 10 日，甲公司与 A 银行签订借款合同，约定：借款金额 550 万元，年利率 6.5%；借款期限 1 年。同日，甲公司将其一宗土地的建设用地使用权抵押给 A 银行，双方签订了书面抵押合同，并于 7 月 11 日办理了抵押登记。A 银行还要求甲公司提供其他担保，于是甲公司请求其关联企业乙公司为该笔借款提供保证担保。

2014 年 7 月 15 日，A 银行与乙公司签订了保证合同，约定乙公司对甲公司的借款债务承担连带责任保证。抵押合同和保证合同对于 A 银行实现担保权利的顺序均未作约定。

建关系　读完材料第 1、2 自然段，建立“关系图”。

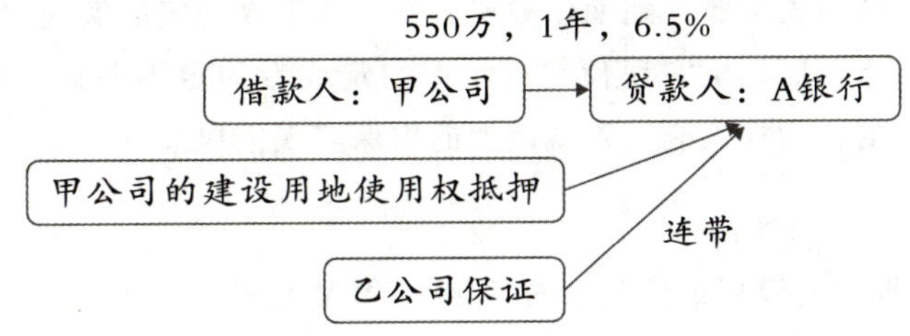

提问 1：

A 银行的抵押权何时设立？并说明理由。

思考路径　区分动产和不动产抵押的要求：不动产（除土地经营权）的抵押权登记设立；动产的抵押权在合同生效时设立，登记对抗。

参考答案　A 银行的抵押权于 2014 年 7 月 11 日设立。根据规定，以建设用地使用权设定抵押的，抵押权自登记时设立。

2014 年 7 月 25 日，A 银行在向甲公司发放贷款时预扣了该笔贷款的利息 35.75 万元。

提问 2：

甲公司向 A 银行实际借款的本金是多少？并说明理由。

思考路径　利息预先在本金中扣除，以扣除利息后的金额作为本金。

参考答案　甲公司向 A 银行实际借款的本金是 514.25 万元。根据规定，借款的利息不得预先在本金中扣除。利息预先在本金中扣除的，应当按照实际借款数额返还借款并计算利息。在本题中，实际借款的本金 = 550 - 35.75 = 514.25（万元）。

2014 年 8 月，甲公司在已设立抵押权的建设用地上，开始建造建筑物 M。

2015 年 7 月，因甲公司无法归还到期借款的本息，A 银行要求乙公司承担保证责任，但乙公司主张，A 银行应先行使抵押权。

提问 3：

乙公司主张 A 银行应先行使抵押权是否合法？并说明理由。

思考路径 共同担保的行使顺序：按约定→看谁提供物保（债务人提供，先物后人；第三人提供，或物或人）。

参考答案 乙公司的主张合法。根据规定，被担保的债权既有物的担保又有人的担保的，债务人不履行到期债务或者发生当事人约定的实现担保物权的情形，债权人应当按照约定实现债权；没有约定或者约定不明确，债务人自己提供物的担保的，债权人应当先就该物的担保实现债权。

经评估，抵押的建设用地使用权连同建筑物 M 价值为 800 万元，其中建筑物 M 的价值为 300 万元。不考虑评估、拍卖的税费。

提问 4：

建筑物 M 是否为抵押物？并说明理由。

思考路径 抵押时房已有，抵押权及于房；抵押时房未有，抵押权不及于房。

参考答案 建筑物 M 不是抵押物。根据规定，建设用地使用权抵押后，该土地上新增的建筑物不属于抵押财产。

提问 5：

乙公司是否需要承担保证责任？并说明理由。

思考路径 债务人提供物保，先物后人，即不足清偿的部分找保证人。

参考答案 乙公司需要承担保证责任。因为债权人 A 银行就建设用地使用权可以优先受偿的金额为 500 万元（800 万元-300 万元），不足以清偿全部借款本息 547.68 万元［514.25×（1+6.5%）］，不足清偿的部分，A 银行有权请求乙公司承担保证责任。

2015 年简答题

2005 年 3 月，甲公司与乙公司签订的租赁合同约定：甲公司将其面积为 500 平方米的办公用房出租给乙公司，租期 25 年，租金每月 1 万元，以每年官方公布的通货膨胀率为标准逐年调整，乙公司应一次性支付两年的租金。合同签订后，乙公司依约支付租金，甲公司依约交付了该房屋。2010 年 6 月，乙公司为改善条件，未经甲公司同意，在该房屋内改建一间休息室，并安装了整体橱柜等设施。甲公司得知后要求乙公司拆除该休息室及设施，乙公司拒绝。其后该地区房屋价格飙升，租金大涨，甲公司要求提高租金，乙公司拒绝。甲公司遂欲出售该房屋，并通知了乙公司，乙公司表示不购买。

甲公司于 2012 年 9 月将该房屋出售给丙公司，并办理了所有权转移登记手续。

提问 1：

租赁合同约定的 25 年租期效力如何？简要说明理由。

思考路径　租赁期限的上限为 20 年，超过上限并不会导致合同无效，仅超过部分无效。

参考答案　20 年的部分有效，5 年的部分无效。根据规定，租赁期限不得超过 20 年。超过 20 年的，超过部分无效。

提问 2：

甲公司是否有权要求乙公司拆除休息室及设施？简要说明理由。

思考路径　任意添附：恢复原状或者赔偿损失，不得解除合同。

参考答案　甲公司有权要求乙公司拆除休息室及设施。根据规定，承租人经出租人同意，可以对租赁物进行改善或者增设他物。承租人未经出租人同意，对租赁物进行改善或者增设他物的，出租人可以请求承租人恢复原状或者赔偿损失。

提问 3：

甲公司将房屋出售给丙公司后，租赁合同是否继续有效？简要说明理由。

思考路径　买卖不破租赁。

参考答案　继续有效。根据规定，租赁物在承租人按照租赁合同占有期限内发生所有权变动的，不影响租赁合同的效力。

2014 年简答题

甲有限责任公司（以下简称“甲公司”）2013 年 5 月发生下列事实：

（1）5 月 8 日，甲公司向乙公司购买一批钢材，双方签订的合同约定：钢材总价款 100 万元；甲公司在合同签订后 10 日内支付定金 20 万元作为履行合同的担保；乙公司于合同签订后 1 个月内交付全部货物；甲公司于乙公司交付货物后 10 日内支付全部货款。5 月 16 日，甲公司支付给乙公司 10 万元定金，乙公司接受并未提出异议。

提问 1：

本案例中，支付的定金数额与约定的定金数额不符，有效定金数额应为多少？简要说明理由。

思考路径 实际交付的定金和约定的不符，关键看对方是否接受：若接受，按变更定金数额处理；若不接受，定金合同不生效。

参考答案 有效定金数额应为 10 万元。根据规定，实际交付的定金数额多于或者少于约定数额的，视为变更约定的定金数额。在本题中，乙公司接受了 10 万元定金并未提出异议，视为对定金数额进行了变更，故有效的定金数额为 10 万元。

（2）5 月 20 日，甲公司与丙公司的租赁合同到期，但丙公司尚未支付 50 万元到期租金。5 月 30 日，因欠丁公司的债务到期，甲公司将其对丙公司的 50 万元的债权转让给丁公司，但未通知丙公司。

建关系 读完材料第 3 自然段，建立“关系图”。

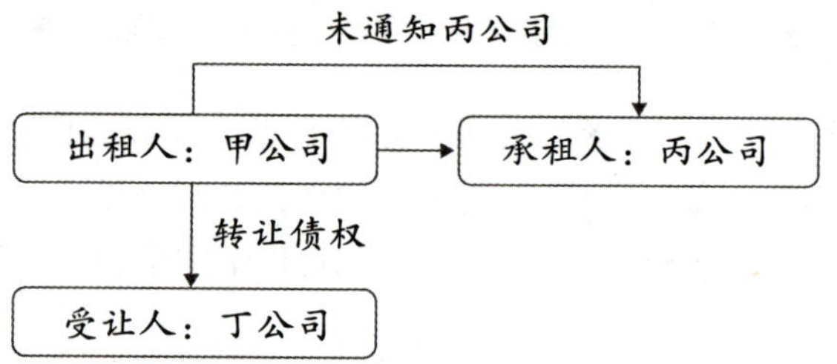

提问 2：

甲公司转让债权的行为对丙公司是否生效？简要说明理由。

思考路径 第三人和债权人达成一致意思时，债权转让生效；通知到达债务人时，债权转让对债务人生效。

参考答案 甲公司转让债权的行为对丙公司不生效。根据规定，债权人转让债权，未通知债务人的，该转让对债务人不发生效力。

（3）5 月 26 日，甲公司所在地发生自然灾害，当地政府组织救灾募捐活动，甲公司当场承诺捐款 20 万元，但一直未履行。其后甲公司因业务不景气，欲撤销该项赠与。

提问 3：

甲公司是否有权撤销赠与？简要说明理由。

思考路径　两“公”性质不得撤销：经过公证或者具有公益、道德义务性质。

参考答案　甲公司无权撤销赠与。根据规定，经过公证的赠与合同或者具有救灾、扶贫、助残等公益、道德义务性质的赠与合同不得撤销。

2013 年简答题

A 市甲公司向 B 市乙公司购买 10 台专用设备，双方于 7 月 1 日签订了买卖合同。买卖合同约定：专用设备每台 10 万元，总价 100 万元；乙公司于 7 月 31 日交货，甲公司在收货 10 日内付清款项；甲公司在合同签订后 5 日内向乙公司交付定金 5 万元；双方因合同违约而发生的纠纷，提交 C 仲裁委员会仲裁。

7 月 3 日，甲公司向乙公司交付了 5 万元定金。

7 月 20 日，甲公司告知乙公司，因向甲公司订购该批专用设备的丙公司明确拒绝购买该批货物，甲公司一时找不到新的买家，将不能履行合同。

7 月 22 日，乙公司通知甲公司解除合同，定金不予返还，并要求甲公司赔偿定金未能弥补的损失。甲公司不同意赔偿损失，乙公司遂向 C 仲裁委员会申请仲裁。对于乙公司的仲裁申请，甲公司认为：

(1) 只有当合同履行期满甲公司未履行合同，乙公司才可以解除合同，所以，乙公司于 7 月 22 日主张解除合同不合法，应承担相应法律责任。

建关系　读完材料第 1~4 自然段，建立“关系图”。

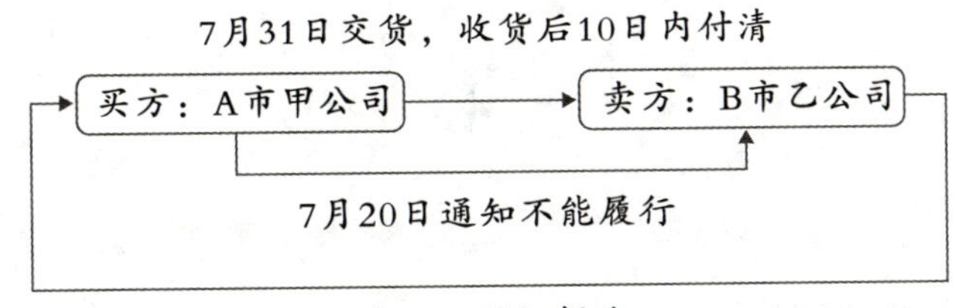

提问 1：

乙公司 7 月 22 日通知解除合同是否符合法律规定？简要说明理由。

思考路径　解除的问题需要看清时间，是履行期限届满前解除还是履行期限届满后解除。若是期限届满前解除，考虑用预期违约的规定答题。

参考答案　乙公司 7 月 22 日通知解除合同符合法律规定。根据规定，在履行期限届满前，当事人一方明确表示或者以自己的行为表明不履行主要债务的，对方当事人可以解除合同。在本题中，甲公司于 7 月 20 日明确表示将不能履行合同，故乙公司有权解除合同。

（2）即使合同可以解除，那么合同被解除后，合同中的仲裁条款即失去效力。所以，乙公司应向A市法院提起诉讼；

（3）甲公司愿意承担定金责任，但乙公司不能再要求甲公司赔偿损失。

据查，甲公司不履行合同给乙公司造成10万元损失。

提问2：

甲公司主张乙公司应向A市法院提起诉讼是否符合法律规定？简要说明理由。

思考路径 仲裁协议具有独立性。

参考答案 甲公司主张乙公司应向A市法院提起诉讼不符合法律规定。根据规定，仲裁协议具有独立性，合同的变更、解除、终止或者无效，不影响仲裁协议的效力。

提问3：

甲公司认为乙公司不能要求赔偿损失是否符合法律规定？简要说明理由。

思考路径 定金和违约金不能并用；定金和赔偿金能并用：定金+赔偿金≤损失。

参考答案 甲公司认为乙公司不能要求赔偿损失不符合法律规定。根据规定，定金不足以弥补一方违约造成的损失的，对方可以请求赔偿超过定金数额的损失。在本题中，甲公司支付的5万元定金不足以弥补乙公司的损失10万元，因此乙公司有权要求甲公司赔偿超过定金部分的损失。

必备法条

一、物权变动的公示

1. 预告登记

预告登记后，未经预告登记的权利人同意，处分该不动产的，不发生物权效力。

2. 非基于法律行为而发生的不动产物权变动

（1）因人民法院、仲裁机构的法律文书或者人民政府的征收决定等，导致物权设立、变更、转让或者消灭的，自法律文书或者征收决定等生效时发生效力。

（2）因继承取得物权的，自继承开始时发生效力。

（3）因合法建造、拆除房屋等事实行为设立或者消灭物权的，自事实行为成就时发生效力。

3. 不动产物权变动的规则

(1) 总规则

不动产物权的设立、变更、转让和消灭，经依法登记，发生效力；未经登记，不发生效力，但法律另有规定的除外。

【补充】 居住权、建设用地使用权自登记时设立。

【注意】 当事人之间订立有关设立、变更、转让和消灭不动产物权的合同，除法律另有规定或者当事人另有约定外，自合同成立时生效。

(2) 特殊规则

①土地承包经营权自土地承包经营权合同生效时设立。土地承包经营权互换、转让的，当事人可以向登记机构申请登记；未经登记，不得对抗善意第三人。

②地役权自地役权合同生效时设立。当事人要求登记的，可以向登记机构申请地役权登记；未经登记，不得对抗善意第三人。

4. 动产物权变动的规则

(1) 总规则

动产物权的设立和转让，自交付时发生效力，但法律另有规定的除外。

(2) 特殊规则

①以动产抵押的，抵押权自抵押合同生效时设立；未经登记，不得对抗善意第三人。

②船舶、航空器和机动车等的物权的设立、变更、转让和消灭，未经登记，不得对抗善意第三人。

二、所有权

1. 善意取得

无处分权人将不动产或者动产转让给受让人的，所有权人有权追回；除法律另有规定外，符合下列情形的，受让人取得该不动产或者动产的所有权：

(1) 受让人受让该不动产或者动产时是善意；

(2) 以合理的价格转让；

(3) 转让的不动产或者动产依照法律规定应当登记的已经登记，不需要登记的已经交付给受让人。

2. 共有

(1) 界定类型

共有人对共有的不动产或者动产没有约定为按份共有或者共同共有，或者约定不明确的，除共有人具有家庭关系等外，视为按份共有。

(2) 按份共有

①共有人对共有物的管理费用以及其他负担，有约定的，按照其约定；没有约定或者约定不明确的，按照其份额负担。

②处分共有的不动产或者动产以及对共有的不动产或者动产作重大修缮、变更性质或者用途的，应当经占份额 2/3 以上的按份共有人同意，但是共有人之间另有约定的除外。

③按份共有人可以转让其享有的共有的不动产或者动产份额。其他共有人在同等条件下享有优先购买的权利。

④转让人向其他按份共有人发出的包含同等条件内容的通知中载明行使期间的，以该期间为准；通知中未载明行使期间，或者载明的期间短于通知送达之日起 15 日的，为 15 日；转让人未通知的，为其他按份共有人知道或者应当知道最终确定的同等条件之日起 15 日；转让人未通知，且无法确定其他按份共有人知道或者应当知道最终确定的同等条件的，为共有份额权属转移之日起 6 个月。

三、抵押

1. 流押条款

抵押权人在债务履行期限届满前，与抵押人约定债务人不履行到期债务时抵押财产归债权人所有的，只能依法就抵押财产优先受偿。

2. 不动产抵押的规定

（1）建设用地使用权抵押后，该土地上新增建筑物不属于抵押财产；抵押权实现时，应当依法将该土地上新增建筑物与建设用地使用权一同处分，但新增建筑物所得的价款，抵押权人无权优先受偿。

（2）当事人以正在建造的建筑物抵押，抵押权的效力范围限于已办理抵押登记的部分。当事人按照担保合同的约定，主张抵押权的效力及于续建部分、新增建筑物以及规划中尚未建造的建筑物的，人民法院不予支持。

（3）抵押人将建设用地使用权、土地上的建筑物或者正在建造的建筑物分别抵押给不同债权人的，人民法院应当根据抵押登记的时间先后确定清偿顺序。

（4）以违法的建筑物抵押的，抵押合同无效，但是一审法庭辩论终结前已经办理合法手续的除外。

（5）当事人以建设用地使用权依法设立抵押，抵押人以土地上存在违法的建筑物为由主张抵押合同无效的，人民法院不予支持。

3. 动产抵押的规定

（1）以动产抵押的，不得对抗正常经营活动中已经支付合理价款并取得抵押财产的买受人。

（2）动产抵押担保的主债权是抵押物的价款，标的物交付后 10 日内办理抵押登记的，该抵押权人优先于抵押物买受人的其他担保物权人受偿，但是留置权人除外。

4. 抵押的效力

（1）孳息收取权

①一般情况下，抵押权的效力不及于抵押物的孳息。

②债务人不履行到期债务或者发生当事人约定的实现抵押权的情形，致使抵押财产被人民法院依法扣押的，自扣押之日起抵押权人有权收取该抵押财产的天然孳息或者法定孳息。但抵押权人未通知应当清偿法定孳息的义务人的除外。

（2）抵押与租赁

①抵押权设立前，抵押财产已经出租并转移占有的，原租赁关系不受该抵押权的影响。

②动产抵押合同订立后未办理抵押登记，抵押人将抵押财产出租给他人并移转占有，抵押权人行使抵押权的，租赁关系不受影响，但是抵押权人能够举证证明承租人知道或者应当知道已经订立抵押合同的除外。

（3）抵押物的转让

①抵押期间，抵押人可以转让抵押财产，当事人另有约定的，按照其约定。

②未约定禁止或限制转让

A. 抵押人转让抵押财产的，应当及时通知抵押权人。

B. 抵押财产转让的，抵押权不受影响。

③约定禁止或限制转让

A. 当事人约定禁止或者限制转让抵押财产但是未将约定登记，抵押人违反约定转让抵押财产，抵押权人请求确认转让合同无效的，人民法院不予支持。抵押财产已经交付或者登记，抵押权人请求确认转让不发生物权效力的，人民法院不予支持，但是抵押权人有证据证明受让人知道的除外。抵押权人请求抵押人承担违约责任的，人民法院依法予以支持。

B. 当事人约定禁止或者限制转让抵押财产且已经将约定登记，抵押人违反约定转让抵押财产，抵押权人请求确认转让合同无效的，人民法院不予支持。抵押财产已经交付或者登记，抵押权人主张转让不发生物权效力的，人民法院应予支持，但是因受让人代替债务人清偿债务导致抵押权消灭的除外。

5. 抵押权的实现

（1）债务人不履行到期债务或者发生当事人约定的实现抵押权的情形，抵押权人可以与抵押人协议以抵押财产折价或者以拍卖、变卖该抵押财产所得的价款优先受偿。

（2）协议损害其他债权人利益的，其他债权人可以请求人民法院撤销该协议。

6. 重复抵押

同一财产向两个以上债权人抵押的，拍卖、变卖抵押财产所得的价款依照下列规定清偿：

（1）抵押权已经登记的，按照登记的时间先后确定清偿顺序；

（2）抵押权已经登记的先于未登记的受偿；

（3）抵押权未登记的，按照债权比例清偿。

四、质押和留置

1. 动产质权

以动产质押的，质权自出质人交付质押财产时设立。

2. 留置权的条件

（1）债权人留置的动产，应当与债权属于同一法律关系，但企业之间留置的除外。

（2）债务人不履行到期债务，债权人因同一法律关系留置合法占有的第三人的动产，并主张就该留置财产优先受偿的，人民法院应予支持。第三人以该留置财产并非债务人的财产为由请求返还的，人民法院不予支持。

（3）企业之间留置的动产与债权并非同一法律关系，债务人以该债权不属于企业持续经营中发生的债权为由请求债权人返还留置财产的，人民法院应予支持。但企业之间留置的动产与债权并非同一法律关系，债权人留置第三人的财产，第三人请求债权人返还留置财产的，人民法院应予支持。

3. 担保物权的顺位

（1）同一动产上已设立抵押权或者质权，该动产又被留置的，留置权人优先受偿。

（2）同一财产既设立抵押权又设立质权的，拍卖、变卖财产所得价款按照登记、交付的时间先后确定清偿顺序。

五、不安抗辩权

1. 应当先履行债务的当事人，有确切证据证明对方有下列情形之一的，可以行使不安抗辩权，中止合同履行：（1）经营状况严重恶化；（2）转移财产、抽逃资金，以逃避债务；（3）丧失商业信誉；（4）有丧失或者可能丧失履行债务能力的其他情形。

2. 中止履行后，对方在合理期限内未恢复履行能力且未提供适当担保的，视为以自己的行为表明不履行主要债务，中止履行的一方可以解除合同并可以请求对方承担违约责任。

六、合同保全的撤销权

1. 情形

（1）债务人以放弃其债权、放弃债权担保、无偿转让财产等方式无偿处分财产权益，或者恶意延长其到期债权的履行期限，影响债权人的债权实现的，债权人可以请求人民法院撤销债务人的行为。

（2）债务人以明显不合理的低价转让财产、以明显不合理的高价受让他人财产或者为他人的债务提供担保，影响债权人的债权实现，债务人的相对人知道或者应当知道该情形的，债权人可以请求人民法院撤销债务人的行为。

2. 期限

撤销权自债权人知道或者应当知道撤销事由之日起1年内行使。自债务人的行为发生之日起5年内没有行使撤销权的，该撤销权消灭。

七、合同的转让

1. 债权转让

（1）债权人转让债权，未通知债务人的，该转让对债务人不发生效力。

（2）债权转让的通知不得撤销，但是经受让人同意的除外。

2. 债务转移

（1）债务人将债务的全部或者部分转移给第三人的，应当经债权人同意。

（2）第三人与债务人约定加入债务并通知债权人，或者第三人向债权人表示愿意加入债务，债权人未在合理期限内明确拒绝的，债权人可以请求第三人在其愿意承担的债务范围内和债务人承担连带债务。

八、合同的终止

1. 法定解除

（1）因不可抗力致使不能实现合同目的；

（2）预期违约：在履行期限届满之前，当事人一方明确表示或以自己的行为表明不履行主要债务；

（3）当事人一方迟延履行主要债务，经催告后在合理期限内仍未履行；

（4）当事人一方迟延履行债务或有其他违约行为致使不能实现合同目的。

2. 仲裁

（1）仲裁协议独立存在，合同的变更、解除、终止或者无效，不影响仲裁协议的效力。

（2）当事人达成仲裁协议，一方向人民法院起诉未声明有仲裁协议，人民法院受理后，另一方在首次开庭前提交仲裁协议的，人民法院应当驳回起诉，但仲裁协议无效的除外；另一方在首次开庭前未对人民法院受理该起诉提出异议的，视为放弃仲裁协议，人民法院应当继续审理。

九、违约责任

1. 定金

（1）定金合同自实际交付定金时成立。

（2）定金的数额由当事人约定；但是不得超过主合同标的额的20%，超过部分不产生定金的效力。

（3）实际交付的定金数额多于或者少于约定数额，视为变更约定的定金数额。

（4）当事人既约定违约金，又约定定金的，一方违约时，对方可以选择适用违约金或者定金条款。

（5）定金不足以弥补一方违约造成的损失的，对方可以请求赔偿超过定金数额的损失。

2. 赔偿损失

当事人一方不履行合同义务或者履行合同义务不符合约定的，在履行义务或者采取补救措施后，对方还有其他损失的，应当赔偿损失。

十、买卖合同

1. 标的物毁损、灭失的风险，在标的物交付之前由出卖人承担，交付之后由买受人承担，但法律另有规定或者当事人另有约定的除外。

2. 当事人没有约定交付地点或者约定不明确，依据法律规定仍不能确定且标的物需要运输的，出卖人将标的物交付给第一承运人后，标的物毁损、灭失的风险由买受人承担。

3. 标的物毁损、灭失的风险由买受人承担的，不影响因出卖人履行义务不符合约定，买受人请求其承担违约责任的权利。

十一、租赁合同

1. 期限

（1）租赁期限不得超过20年。超过20年的，超过部分无效。

（2）租赁期限6个月以上的，应当采用书面形式。当事人未采用书面形式，无法确定租赁期限的，视为不定期租赁。对于不定期租赁，双方当事人均可随时解除合同，但是应当在合理期限之前通知对方。

2. 权利和义务

（1）维修义务

出租人应当履行租赁物的维修义务，但当事人另有约定或者因承租人过错致使租赁物需要维修的除外。承租人在租赁物需要维修时可以请求出租人在合理期限内维修。出租人未履行维修义务的，承租人可以自行维修，维修费用由出租人负担。因维修租赁物影响承租人使用的，应当相应减少租金或者延长租期。

（2）禁止任意改善或者增设他物

承租人经出租人同意，可以对租赁物进行改善或者增设他物，如未经出租人同意，出租人可以请求承租人恢复原状或者赔偿损失。

（3）转租

①承租人经出租人同意，可以将租赁物转租给第三人。承租人转租的，承租人与出租人之间的租赁合同继续有效；第三人造成租赁物损失的，承租人应当赔偿损失。

②承租人未经出租人同意转租的，出租人可以解除合同。

③出租人知道或者应当知道承租人转租，但是在6个月内未提出异议的，视为出租人同意转租。

④承租人拖欠租金的，次承租人可以代承租人支付其欠付的租金和违约金，但是转租合同对出租人不具有法律约束力的除外。

3. 买卖不破租赁

租赁物在承租人按照租赁合同占有期限内发生所有权变动的，不影响租赁合同的效力。

4. 承租人的优先权

（1）出租人出卖租赁房屋的，应当在出卖之前的合理期限内通知承租人，承租人享有以同等条件优先购买的权利；但是，房屋按份共有人行使优先购买权或者出租人将房屋出卖给近亲属的除外。

（2）出租人未通知承租人或者有其他妨害承租人行使优先购买权情形的，承租人可以请求出租人承担赔偿责任。但是，出租人与第三人订立的房屋买卖合同的效力不受影响。

十二、融资租赁合同

1. 行政许可

依照法律、行政法规的规定，对于租赁物的经营使用应当取得行政许可的，出租人未取得行政许可不影响融资租赁合同的效力。

2. 维修义务

在融资租赁合同中，承租人应当履行占有租赁物期间的维修义务。

3. 租赁物不符合约定

融资租赁物不符合约定或者不符合使用目的的，出租人不承担责任。但是，承租人依赖出租人的技能确定租赁物或者出租人干预选择租赁物的除外。

4. 责任承担

承租人占有租赁物期间，租赁物造成第三人人身损害或者财产损失的，出租人不承担责任。

5. 承租人占有租赁物期间，租赁物毁损、灭失的，出租人有权请求承租人继续支付租金，但是法律另有规定或者当事人另有约定的除外。

6. 财产归属

（1）出租人对租赁物享有的所有权，未经登记，不得对抗善意第三人。承租人破产的，租赁物不属于破产财产。

（2）租赁期间届满，出租人和承租人对租赁物的归属没有约定或者约定不明确的，当事人可以协议补充；不能达成补充协议的，根据合同的有关条款或者交易习惯确定；仍不能确定的，租赁物的所有权归出租人。

【补充】当事人约定租赁期限届满租赁物归承租人所有，承租人已经支付大部分租金，但是无力支付剩余租金，出租人因此解除合同收回租赁物，收回的租赁物的价值超过承租人欠付的租金以及其他费用的，承租人可以请求相应返还。

十三、保证合同

1. 保证人

以公益为目的的非营利法人、非法人组织不得为保证人。

2. 保证合同

（1）保证合同可以是单独订立的书面合同，也可以是主债权债务合同里的保证条款。

（2）第三人单方以书面形式向债权人作出保证，债权人接收且未提出异议的，保证合同成立。

3. 保证方式

（1）当事人在保证合同中对保证方式没有约定或者约定不明确的，按照一般保证承担保证责任。

（2）先诉抗辩权：一般保证的保证人在主合同纠纷未经审判或者仲裁，并就债务人财产依法强制执行仍不能履行债务前，有权拒绝向债权人承担保证责任（享有先诉抗辩权），法律另有规定的除外。

4. 保证期间

（1）保证合同约定的保证期间早于或者等于主债务履行期限的，视为没有约定，保证期间为主债务履行期届满之日起6个月。

（2）保证合同约定保证人承担保证责任直至主债务本息还清时为止等类似内容的，视为约定不明，保证期间为主债务履行期限届满之日起6个月。

5. 主体变更对保证责任的影响

（1）债权人转让全部或者部分债权，未通知保证人的，该转让对保证人不发生效力。保证人与债权人约定禁止债权转让，债权人未经保证人书面同意转让债权的，保证人对受让人不再承担保证责任。

（2）债权人未经保证人书面同意，允许债务人转移全部或者部分债务，保证人对未经其同意转移的债务不再承担保证责任，但是债权人和保证人另有约定的除外。

6. 共同担保

（1）被担保的债权既有物的担保又有人的担保的，债务人不履行到期债务或者发生当事人约定的实现担保物权的情形，债权人应当按照约定实现债权。

（2）没有约定或者约定不明确，债务人自己提供物的担保的，债权人应当先就该物的担保实现债权；第三人提供物的担保的，债权人可以就物的担保实现债权，也可以请求保证人承担保证责任。提供担保的第三人承担担保责任后，有权向债务人追偿。

十四、借款合同

1. 预先扣除利息

借款的利息不得预先在本金中扣除。利息预先在本金中扣除的，应当按照实际借款数额返还借款并计算利息。

2. 民间借贷合同的借期内利息

（1）借款合同对支付利息没有约定的，视为没有利息。

（2）出借人请求借款人按照合同约定利率支付利息的，人民法院应予支持，但是双方约定的利率超过合同成立时一年期贷款市场报价利率4倍的除外。

3. 逾期利息

（1）借贷双方对逾期利率有约定的，从其约定，但是以不超过合同成立时1年期贷款市场报价利率4倍为限。

（2）出借人与借款人既约定了逾期利率，又约定了违约金或者其他费用，出借人可以选择主张逾期利息、违约金或者其他费用，也可以一并主张，但总计不得超过合同成立时1年期贷款市场报价利率4倍。

十五、赠与合同

1. 赠与人在赠与财产的权利转移之前可以撤销赠与。但经过公证的赠与合同或者具有救灾、扶贫、助残等公益、道德义务性质的赠与合同，不得撤销。

2. 受赠人严重侵害赠与人或者赠与人近亲属的合法权益、受赠人对赠与人有扶养义务而不履行、受赠人不履行赠与合同约定的义务，赠与人有权自知道或应当知道撤销事由之日起1年内撤销赠与。

3. 赠与人故意不告知瑕疵或者保证无瑕疵，造成受赠人损失的，应当承担损害赔偿责任。

专题四　金融法律制度

命题思路及解题技巧

一、近10年考情分析

重要考点	考试年度	考查侧重
票据关系和票据基础关系	2019年（卷1简）	——
票据行为	2022年（卷1简）	票据签章
票据抗辩	2022年（卷2简） 2021年（卷1简） 2020年（卷1简） 2020年（卷2简） 2015年简 2013年简	（1）抗辩切断 （2）对人抗辩
票据伪造和变造	2022年（卷1简） 2020年（卷2简）	（1）票据的伪造 （2）票据的变造
汇票出票	2022年（卷3综） 2015年简	（1）出票人的责任 （2）相对记载事项
汇票背书	2022年（卷2简） 2022年（卷3综） 2021年（卷1简） 2020年（卷2简） 2019年（卷3简） 2013年简	（1）禁止背书 （2）背书附条件

重要考点	考试年度	考查侧重
汇票保证	2022 年（卷 2 简） 2020 年（卷 1 简） 2019 年（卷 3 简） 2018 年（卷 1 简） 2014 年简	（1）保证附条件 （2）相对记载事项 （3）保证人清偿后的再追索权 （4）保证人的责任
汇票承兑	2022 年（卷 1 综） 2019 年（卷 1 简）	（1）提示承兑时间 （2）超期提示承兑 （3）承兑人的付款责任
追索权	2019 年（卷 1 简） 2019 年（卷 3 简） 2014 年简	（1）被追索人的确定 （2）追索金额
支票	2022 年（卷 2 综） 2018 年（卷 2 简）	（1）超期提示付款 （2）授权补记事项 （3）不得记载事项
保险利益	2021 年（卷 3 简）	人身保险的保险利益
保险合同的当事人	2022 年（卷 3 简）	当事人 vs 关系人
死亡保险	2022 年（卷 3 简） 2021 年（卷 3 简）	（1）死亡保险的投保 （2）自杀条款
保险合同的变更	2021 年（卷 2 简）	保险标的转让

二、命题思路

金融法这一专题涉及保险法和票据法两部分。

票据法的案例题考核点相对集中，所以题目已经形成规律，往往是在汇票的基础之上考查总则中的票据权利、伪造和票据抗辩的限制，同时分则部分的考查以背书和保证为主。当然，个别年份还会涉及支票。尤其注意，在 2022 年各个批次的试卷中，均有“合同法+物权法+公司法+票据法”的综合题，票据法部分会涉及 1~2 问。

保险法的案例题则比较灵活，运用性较强，近两年的出题主要集中在这几年出台的司法解释部分。

三、解题技巧

票据法部分画关系图是必不可少的，在图示中标明主体之间的关系以及一些关键信息，便于提醒自己考虑到相关知识点。同时，票据法的答题需要“法言法语”，即专业的表达很重要，所以平时需要加强法条的背诵。

保险法部分近两年均有涉及，但是考点不难，所以建议考生多训练案例型的客观题。因为即便考查主观题，也是这些案例型客观题的扩展版。

经典考题精讲

扫码做题、对答案

使用“会计云课堂”App扫码快速做题、对答案、看解析、掌握解题思路，开启轻松过关之旅。

2022年简答题1

2021年1月10日，甲公司为支付货款向乙公司签发并承兑了一张汇票，到期日为2021年4月10日。乙公司财务人员张某因工作失误而丢失该张汇票。张某因担心受到处分，并未将该情况报告乙公司。2021年1月15日，赵某捡到该汇票，伪造乙公司签章将该汇票背书转让给丙公司，以偿还赵某欠丙公司的货款。丙公司要求提供担保，赵某拟以其担任法定代表人的丁公司为保证人，经丁公司股东会决议同意，并在汇票上记载“保证”字样，在签章时仅加盖丁公司财务专用章。2021年2月10日，丙公司为支付货款将该汇票背书转让给戊公司。2021年4月11日，戊公司向甲公司提示付款。甲公司发现乙公司的签章系伪造，以此为由拒绝付款。

建关系　读完材料第1自然段，建立“关系图”。

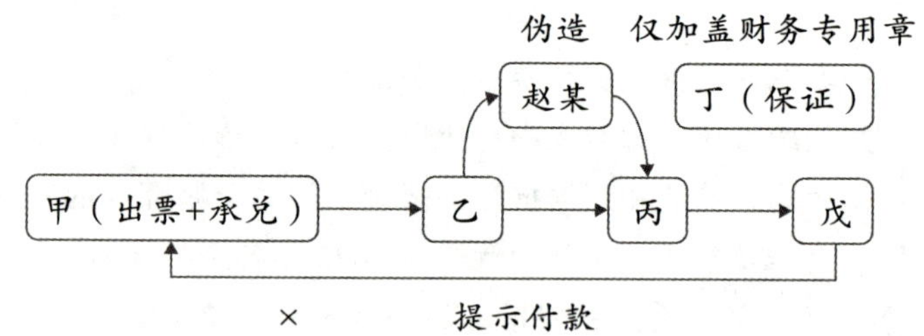

提问1：

丁公司在该汇票上的签章是否符合法律规定？简要说明理由。

思考路径　单位的签章：单位章+个人章。其中，单位章为财务专用章或公章，个人章为法定代表人或其授权的代理人的签名或者盖章。

参考答案 丁公司在该汇票上的签章不符合规定。根据规定，单位在票据上的签章，应为该单位的财务专用章或者公章加其法定代表人或其授权的代理人的签名或者盖章。

提问 2：
甲公司以乙公司的签章系伪造为由拒绝付款，是否符合法律规定？简要说明理由。

思考路径 甲公司并非伪造人、被伪造人，而伪造不影响其他真实签章的效力。

参考答案 不符合规定。根据规定，票据上有伪造签章的，不影响票据上其他真实签章的效力；票据债权人在依法提示承兑、提示付款或者行使追索权时，在票据上真实签章人不能以票据伪造为由进行抗辩。

戊公司随后向丙公司追索，丙公司发现汇票上的金额被变造，变造前的金额为 80000 元，变造后的金额 180000 元，且无法辨别丙公司签章时间与汇票变造时间的先后，丙公司仅愿意按照 80000 元承担票据责任。

提问 3：
丙公司仅愿意按照 80000 元承担票据责任，是否符合法律规定？简要说明理由。

参考答案 符合规定。根据规定，如果无法辨别签章发生在变造之前还是之后，视同在变造之前签章。在本题中，变造前的金额为 80000 元，丙公司可以仅对 80000 元承担票据责任。

2022 年简答题 2

2022 年 2 月 10 日，甲公司为支付货款向乙公司签发了一张由丙公司承兑的汇票，汇票金额为 80 万元，到期日为 2022 年 8 月 10 日，2022 年 3 月 10 日，乙公司为购买设备，将该汇票背书转让给丁公司，并请求戊公司提供保证。戊公司在汇票上注明“保证”“被保证人为乙公司”以及“以乙公司付费为条件”后签章。
2022 年 3 月 25 日，乙公司收到设备后发现不符合合同约定的标准、合同目的无法实现，遂向丁公司发出解除合同的书面通知，2022 年 3 月 26 日，丁公司为支付工程款将该汇票背书转让给己公司并注明“不得转让”。
2022 年 4 月 15 日，己公司向庚公司采购一批原材料，合同约定发货后十日内付款，庚公司要求提供担保。己公司在该汇票上标明“质押”字样后背书给庚公司。庚公司发货十日后，己公司一直未付款。
2022 年 8 月 11 日，庚公司向丙公司提示付款，丙公司以资金不足为由，告知庚公司一个月后付款。庚公司遂向所有前手及戊公司发出追索通知。戊公司以乙公司未向其付费为由拒绝承担保证责任。丁公司以在汇票上注明“不得转让”为由拒绝承担票据责任。乙公司以与丁公司的合同已经解除为由拒绝承担票据责任。

建关系　读完材料第 1~4 自然段，建立“关系图”。

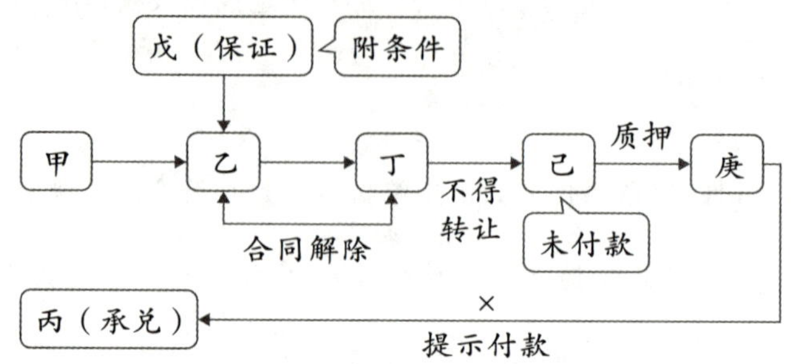

提问 1：

戊公司是否应当向庚公司承担保证责任？简要说明理由。

思考路径　附条件的结果：

背书附条件	所附条件在票据上无效，背书有效
承兑附条件	视为拒绝承兑
保证附条件	所附条件在票据上无效，保证有效

参考答案　戊公司应当向庚公司承担保证责任。根据规定，保证不得附有条件；附有条件的，不影响对汇票的保证责任。

提问 2：

丁公司是否应当向庚公司承担票据责任？简要说明理由。

思考路径　背书人记载“不得转让”，主要分析持票人是否是原背书人后手的被背书人。

参考答案　丁公司不应当向庚公司承担票据责任。根据规定，背书人（丁公司）在汇票上记载“不得转让”字样，其后手再背书转让的，原背书人对其后手的被背书人（庚公司）不承担保证责任。

提问 3：

乙公司是否应当向庚公司承担票据责任？简要说明理由。

思考路径　合同解除发生在乙公司和丁公司之间，乙公司和庚公司并没有直接的债权债务关系，无法行使对人抗辩，即抗辩切断。

参考答案 乙公司应当向庚公司承担票据责任。根据规定，票据债务人不得以自己与持票人的前手之间的抗辩事由对抗持票人，持票人明知存在抗辩事由取得票据的除外。

2022年简答题3

2020年10月，赵某发现5周岁的女儿李某智力发育略低于同龄人，为了给女儿成年以后的生活足够的保障，赵某向甲保险公司为其女儿购买人身保险，赵某与甲保险公司签订的保险合同约定：投保人为赵某，被保险人为李某，如李某生存到60周岁，可按月领取养老金，如李某不幸身故，甲保险公司将向受益人赵某支付一笔保险金，保险合同生效后，赵某按照合同约定向甲保险公司缴纳了保险费。

2022年2月，经专科医院检查李某有自闭倾向。

2022年3月5日，李某在其7周岁生日当天趁赵某外出买菜之际自杀。

2022年4月5日，赵某向甲保险公司索赔。

2022年4月8日，甲保险公司通知赵某拒绝赔偿。

2022年4月12日，赵某向人民法院提起诉讼，请求甲保险公司按照合同约定支付保险金，甲保险公司提出两项抗辩：①赵某不得为无民事行为能力人投保以死亡为给付保险金条件的人身保险；②被保险人自合同成立之日起2年内自杀的，保险人不承担给付保险金的责任。

提问1：

赵某与甲保险公司所签订的保险合同的当事人是否包含李某？简要说明理由。

思考路径 区分保险合同的当事人和关系人：投保人和保险人是当事人，被保险人和受益人是关系人。

参考答案 赵某与甲保险公司所签订的保险合同的当事人不包含李某。根据规定，投保人和保险人是保险合同的当事人。

提问2：

甲保险公司提出的第一项抗辩是否成立？简要说明理由。

思考路径 投保死亡保险的要求：

被保险人		要求
成年人	无民事行为能力人	不得投保
	其余	保险利益+同意投保死亡保险
未成年子女		父母可以为其投保，无须同意

参考答案 甲保险公司提出的第一项抗辩不成立。根据规定，投保人不得为无民事行为能力人投保以死亡为给付保险金条件的人身保险，保险人也不得承保；父母为其未成年子女投保的人身保险，不受此限。

提问 3：

甲保险公司提出的第二项抗辩是否成立？简要说明理由。

思考路径 投保死亡保险后，被保险人自杀的，有两种情况保险公司应当赔付：①被保险人在合同成立或者合同效力恢复之日起 2 年后自杀；②被保险人自杀时为无民事行为能力人。

参考答案 甲保险公司提出的第二项抗辩不成立。根据规定，以被保险人死亡为给付保险金条件的合同，自合同成立或者合同效力恢复之日起 2 年内，被保险人自杀的，保险人不承担给付保险金的责任，但被保险人自杀时为无民事行为能力人的除外。在本题中，被保险人李某自杀时为 7 周岁，即无民事行为能力人，故保险公司应当赔付。

2022 年综合题

2020 年 5 月 6 日，甲有限责任公司（以下简称“甲公司”）与乙公司就一套 M 设备签订融资租赁合同。合同约定：甲公司享有 M 设备的所有权，乙公司未经甲公司同意，将 M 设备转让、抵押或者投资入股的，甲公司可以解除融资租赁合同；租赁期满，M 设备归乙公司所有；乙公司按月支付租金 20 万元，每月第十日为付款日，合同期限为 24 个月。

2020 年 5 月 10 日，乙公司为支付租金向甲公司签发一张金额为 20 万元的汇票，汇票到期日为见票后 3 个月。次日，甲公司为支付货款，将该汇票背书转让给丙公司。丙公司超过提示承兑期限后，提示承兑被拒绝。丙公司遂向甲公司追索。亦遭到拒绝。

建关系 读完材料第 1、2 自然段，建立“关系图”。

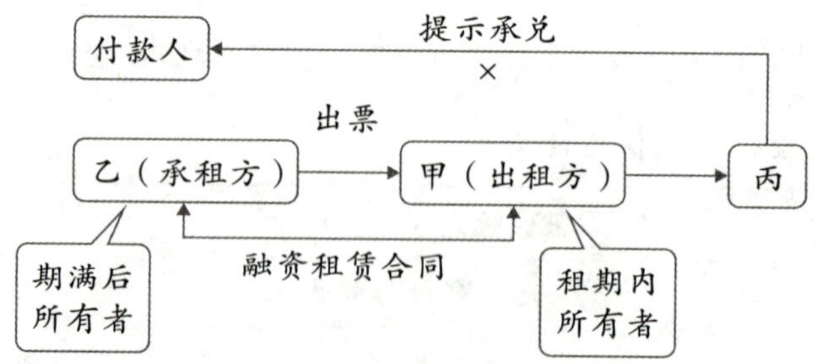

提问 1：

丙公司向付款人提示承兑的最晚日期为哪一天？说明理由。

思考路径　提示承兑时间：

定日付款	到期日前
出票后定期付款	到期日前
见票后定期付款	出票日起 1 个月内

参考答案　丙公司向付款人提示承兑的最晚日期为 2020 年 6 月 10 日。根据规定，见票后定期付款的汇票，应当自出票之日起 1 个月内提示承兑。

提问 2：
丙公司被拒绝承兑后，是否有权向甲公司追索？说明理由。

思考路径　区分超期提示承兑和超期提示付款：

①汇票的持票人超过法定期限提示承兑，丧失对前手的追索权，不丧失对出票人的追索权；

②汇票的持票人超过法定期限提示付款，丧失对前手的追索权，不丧失对出票人、承兑人的追索权。

参考答案　丙公司被拒绝承兑后，无权向甲公司追索。根据规定，汇票的持票人未按照规定期限提示承兑的，持票人丧失对出票人以外其他前手的追索权。在本题中，丙有权向出票人乙公司追索，无权向背书人甲公司追索。

2021 年 10 月 11 日，乙公司在使用 M 设备期间，M 设备造成第三人张某人身伤害。乙公司告知张某，M 设备为甲公司所有，张某于 10 月 18 日向人民法院提起诉讼，请求甲公司承担赔偿责任。

提问 3：
2021 年 10 月 18 日，张某请求甲公司承担赔偿责任，人民法院是否应予支持？说明理由。

思考路径　在融资租赁合同中，租赁物为承租方占有，责任应由承租方承担，而非出租方。

参考答案　张某请求甲公司承担赔偿责任，人民法院不予支持。根据规定，在融资租赁合同中，承租人占有租赁物期间，租赁物造成第三人人身损害或者财产损失的，出租人不承担责任。

2021 年 11 月 1 日，乙公司因急需资金，将 M 设备以市场价格的五折转让给丁公司。丁公司明知乙公司未取得 M 设备的所有权，仍向乙公司支付了价款，并取得 M 设备。

建关系 读完材料第 4 自然段，再次建立“关系图”。

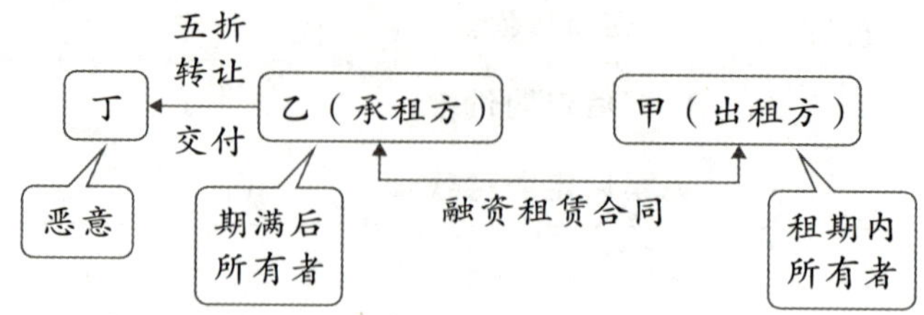

提问 4：

2021 年 11 月 2 日，丁公司以善意取得为由拒绝交还 M 设备，是否符合法律规定？说明理由。

思考路径 第一步，判断是有权处分还是无权处分：在租期内，甲公司享有所有权，乙公司的转让为无权处分。

第二步，若为无权处分，判断是否适用善意取得：善意+对价+公示。

参考答案 丁公司以善意取得为由拒绝交还 M 设备，不符合法律规定。根据规定，无处分权人将不动产或者动产转让给受让人的，所有权人有权追回；除法律另有规定外，符合下列情形的，受让人取得该不动产或者动产的所有权：(1) 受让人受让该不动产或者动产时是善意；(2) 以合理的价格转让；(3) 转让的不动产或者动产依照法律规定应当登记的已经登记，不需要登记的已经交付给受让人。在本题中，丁公司明知乙公司未取得 M 设备的所有权，仍以市场价格的五折受让，不适用善意取得制度。

2021 年 11 月 2 日，持有甲公司 5%股权的股东兼上述融资租赁项目经理李某得知上述情形后，以甲公司的名义要求丁公司交还 M 设备，丁公司以善意取得为由予以拒绝，由于情况紧急不立即提起诉讼将导致甲公司发生难以弥补的损失，11 月 3 日，李某以自己的名义直接向人民法院提起诉讼，请求丁公司向甲公司交还 M 设备。

提问 5：

2021 年 11 月 3 日，李某是否有权以自己的名义直接向人民法院提起诉讼？说明理由。

思考路径 ①由于“造成公司损失”，故判断本问考查股东代表诉讼；

②造成公司损失的主体为乙公司，并非甲公司的董、监、高，故属于“他人侵犯公司权益”；

③分析“股东直接向法院提起诉讼”的情形：董事会（监事会）拒绝起诉、董事会（监事会）收到请求30 日内未提起诉讼、情况紧急不立即提起诉讼将导致公司利益受到难以弥补的损害；

④判断股东代表诉讼中“股东的资格”：有限责任公司中任一股东均可，股份有限公司中要求股东连续 180 日以上单独或合计持股 1%以上。

参考答案　李某有权以自己的名义直接向人民法院提起诉讼。根据规定，他人侵犯公司合法权益，给公司造成损失的，情况紧急、不立即提起诉讼将会使公司利益受到难以弥补的损害的，有限责任公司的股东有权为了公司的利益以自己的名义直接向人民法院提起诉讼。

2021 年 11 月 10 日，乙公司经甲公司及李某同意与丁公司协商解除了关于 M 设备的买卖合同，乙公司继续履行与甲公司的融资租赁合同，李某撤回起诉。

2022 年 4 月 10 日，乙公司无力支付最后一个月租金 20 万元。经甲公司催告后，乙公司在合理期限内仍无法支付剩余租金，2022 年 4 月 29 日，甲公司通知乙公司解除融资租赁合同，收回 M 设备。M 设备收回时经评估机构估价，设备价值 30 万元，甲公司为此支付 2 万元评估及运输费用。2022 年 4 月 30 日，乙公司请求甲公司返还 8 万元。

建关系　读完材料第 6、7 自然段，再次建立“关系图”。

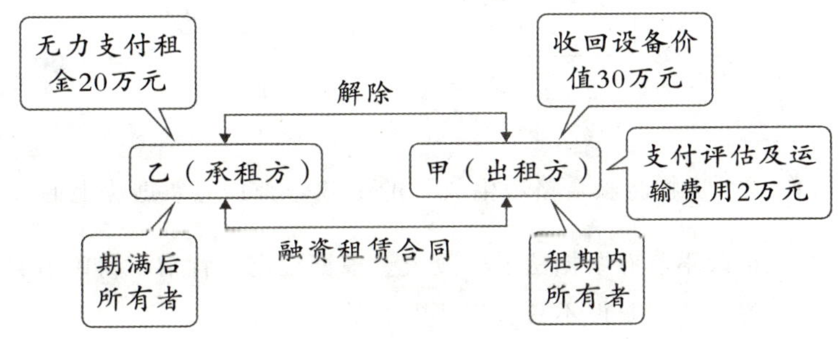

提问 6：

2022 年 4 月 30 日，乙公司请求甲公司返还 8 万元，是否符合法律规定？说明理由。

思考路径　在约定乙公司有租期届满时的所有权的前提下，一旦解除合同，甲公司收回价值 30 万元的设备，本应当返还乙公司 30 万元。但是，乙公司尚欠付 20 万元的租金，且由于乙公司的违约才导致收回设备的评估及运输，因此乙公司应当承担评估及运输费用 2 万元。综上所述，甲公司需要返还的为 8 万元（30−20−2）。

参考答案　乙公司请求甲公司返还 8 万元，符合法律规定。根据规定，当事人约定租赁期限届满租赁物归承租人所有，承租人已经支付大部分租金，但是无力支付剩余租金，出租人因此解除合同收回租赁物，收回的租赁物的价值超过承租人欠付的租金以及其他费用的，承租人可以请求相应返还。在本题中，M 设备回收价值 30 万元，超过乙公司欠付的 20 万元租金和 2 万元的评估及运输费用，对于差额（8 万元），乙公司可以请求返还。

2021年简答题1

2021年2月10日，甲公司向乙公司签发了一张50万元的商业承兑汇票，汇票到期日为8月10日。甲公司的母公司作为承兑人在汇票上签章。

3月10日，乙公司将该汇票背书转让给丙公司，用于支付货款，并在汇票上注明“货物验收合格后生效”，后丙公司的货物因存在严重质量问题未能通过验收。4月10日，丙公司将该汇票背书转让给丁公司，并在汇票上记载“不得转让”字样。5月10日，丁公司将该汇票背书转让给戊公司。

建关系 读完材料第1、2自然段，建立“关系图”。

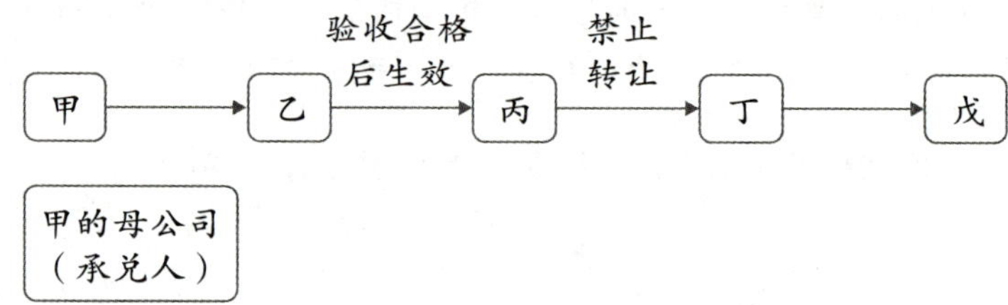

提问1：

乙公司所作的“货物验收合格后生效”的记载是否具有票据法上的效力？简要说明理由。

参考答案 记载不具有票据法上的效力。根据规定，背书不得附有条件，背书时附有条件的，所附条件不具有汇票上的效力。

8月11日，戊公司向承兑人提示付款，承兑人以资金紧张为由拒绝付款。戊公司遂向甲公司、乙公司、丙公司及丁公司进行追索，均遭拒绝。其中，丙公司拒绝的理由是，本公司在汇票上记载有“不得转让”字样；乙公司拒绝的理由是，丙公司的货物未通过验收，不符合乙公司在汇票上注明的转让生效条件。

已知，丁公司、戊公司对丙公司的货物存在严重质量问题未能通过验收一事不知情。

建关系 读完材料，再次建立“关系图”。

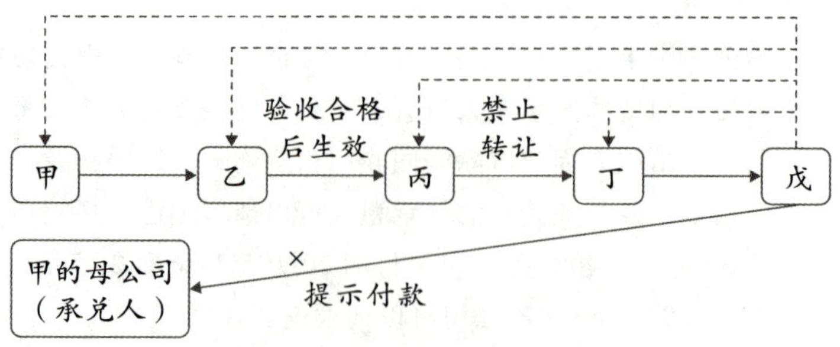

提问 2：

丙公司拒绝戊公司追索的理由是否成立？简要说明理由。

思考路径 背书人记载“不得转让”，主要分析持票人是否是原背书人后手的被背书人。

参考答案 丙公司拒绝戊公司追索的理由成立。根据规定，背书人（丙公司）在汇票上记载“不得转让”字样，其后手再背书转让的，原背书人对其后手的被背书人（戊公司）不承担保证责任。

提问 3：

乙公司拒绝戊公司追索的理由是否成立？简要说明理由。

思考路径 虽然丙公司存在基础关系上的违约，但持票人戊公司与乙公司并非直接的债权债务关系，故不能行使对人抗辩。

参考答案 乙公司拒绝戊公司追索的理由不成立。根据规定，票据债务人（乙公司）不得以自己与持票人的前手之间的抗辩事由，对抗持票人（戊公司）。但是，持票人明知存在抗辩事由而取得票据的除外。

2021 年简答题 2

2020 年 10 月 10 日，赵某在某 4S 店购买了一辆小汽车，并向甲保险公司购买了“交强险”以及足额“车损险”，被保险人为赵某。2021 年年初，单位派赵某去海外工作两年，赵某决定转让该辆小汽车。

2021 年 2 月 1 日，赵某与钱某签订了买卖小汽车的合同。当日，赵某即将小汽车交付钱某。钱某将上述事实通知了甲保险公司。钱某在开车回家途中因操作失误撞到马路护栏上，导致车辆损失。钱某随即向甲保险公司报案并索赔。

甲保险公司提出以下两项抗辩：（1）小汽车虽已经交付，但尚未办理过户登记。因此，钱某无权主张行使被保险人的权利；（2）钱某虽及时将转让小汽车的事实通知了甲保险公司，但甲保险公司尚未作出答复，此时发生保险事故，甲保险公司不承担赔偿保险金的责任。

建关系 读完材料，建立“关系图”。

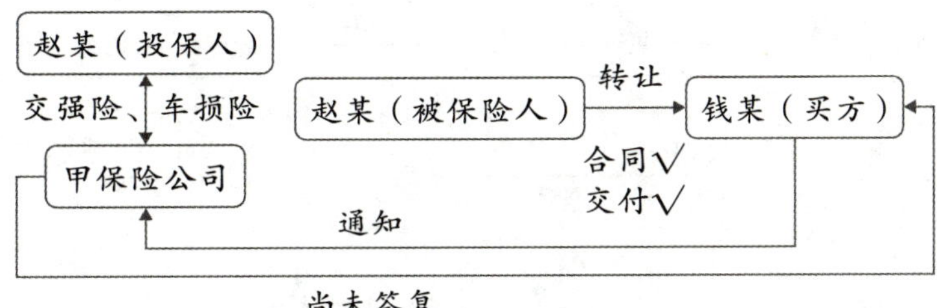

提问 1：

甲保险公司的第（1）项抗辩理由是否符合法律规定？简要说明理由。

思考路径 标的物的风险随交付转移。由于交付完成，故受让人承担标的物毁损灭失的风险。进一步分析，损失由受让人承担，真正需要得到保险合同保障的应该是受让方。

参考答案 第（1）项抗辩理由不符合法律规定。根据规定，保险标的已交付受让人，但尚未依法办理所有权变更登记，承担保险标的毁损灭失风险的受让人，依照规定主张行使被保险人权利的，人民法院应予支持。

提问 2：

甲保险公司的第（2）项抗辩理由是否符合法律规定？简要说明理由。

思考路径 保险标的转让，被保险人或者受让人应当及时通知保险人。若是否赔偿保险金取决于保险人的答复，则保险人有可能出现为了规避责任而拖延答复的情况。

参考答案 第（2）项抗辩理由不符合法律规定。根据规定，被保险人、受让人依法及时向保险人发出保险标的转让通知后，保险人作出答复前，发生保险事故，被保险人或者受让人主张保险人按照保险合同承担赔偿保险金的责任的，人民法院应予支持。

2021 年简答题 3

2018 年 6 月，30 岁的张某为其 58 岁的父亲购买了以死亡为给付保险金条件的人身保险。保险合同载明张某为投保人和受益人，张某的父亲为被保险人。2021 年 5 月，张某的父亲因病去世，张某请求保险公司给付保险金。

保险公司经调查得知：张某投保时，张某的父亲因生病不能完全辨认自己的行为，属于限制民事行为能力人。保险公司认为，张某不得为限制民事行为能力人投保，因此，该保险合同无效。

建关系 读完材料第 1、2 自然段，建立“关系图”。

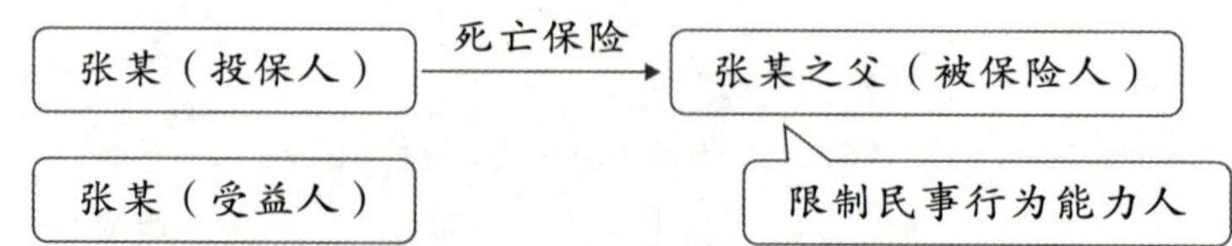

提问 1：

张某为其父亲投保人身保险时，张某对被保险人是否具有保险利益？简要说明理由。

思考路径　判断人身保险的保险利益：①看时间点；②看关系。

在人身保险中，投保人在保险合同订立时，对下列人员具有保险利益：①本人；②配偶、子女、父母；③上述人员以外与投保人有抚养、赡养或者扶养关系的家庭其他成员、近亲属；④与投保人有劳动关系的劳动者；⑤与投保人之间不具有上述关系，但被保险人同意投保人为其投保。

参考答案　张某为其父亲投保人身保险时，张某对被保险人具有保险利益。根据规定，在人身保险中，投保人对父母具有保险利益。

提问 2：

保险公司认为张某不得为限制民事行为能力人投保是否符合法律规定？简要说明理由。

参考答案　保险公司认为张某不得为限制民事行为能力人投保不符合法律规定。根据规定，投保人不得为无民事行为能力人投保以死亡为给付保险金条件的人身保险，保险人也不得承保。在本题中，张父为限制民事行为能力人，《保险法》并未规定不得为限制民事行为能力人投保以死亡为给付保险金条件的人身保险。

保险公司经调查还得知：张某为其父亲投保时，并未征得其父亲的同意。保险公司认为，张某未经其父亲同意就为其投保，也导致保险合同无效。

张某认为虽然其投保时未征得其父亲同意，但其父亲经过治疗恢复健康并具备完全民事行为能力后，已经书面认可张某为其购买的人身保险。因此，该保险合同有效。

建关系　读完材料第 3、4 自然段，再次建立"关系图"。

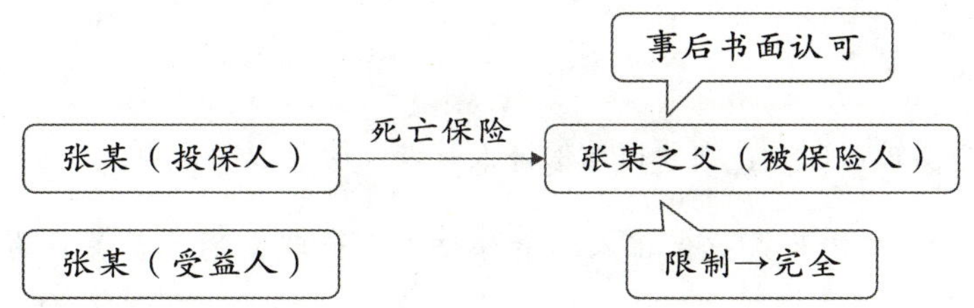

提问 3：

张某投保时未经其父亲同意，但事后取得其父亲的书面认可，该保险合同是否有效？简要说明理由。

思考路径　死亡保险合同有效：有保险利益+被保险人同意投保死亡保险

其中，同意与否看三点：

同意的时间	可以在合同订立时同意并认可，也可以在合同订立后追认
同意的方式	书面形式、口头形式或者其他形式均可
视为同意	①被保险人明知他人代其签名同意而未表示异议的 ②被保险人同意投保人指定的受益人的 ③有证据足以认定被保险人同意投保人为其投保的其他情形

参考答案 该保险合同有效。根据规定，当事人订立以死亡为给付保险金条件的合同，被保险人可以在合同订立时采取书面形式、口头形式或者其他形式同意并认可保险金额，也可以在合同订立后追认。张某父亲在具备完全民事行为能力后已经追认，该保险合同有效。

2020年简答题1

甲公司向乙公司出具一张商业承兑汇票，丙公司已承兑。乙公司将票据背书给丁公司，丁公司要求乙公司提供保证，于是由戊公司提供保证并于票面签章，但戊公司没有在票据上注明被保证人。

建关系 读完材料第1自然段，建立“关系图”。

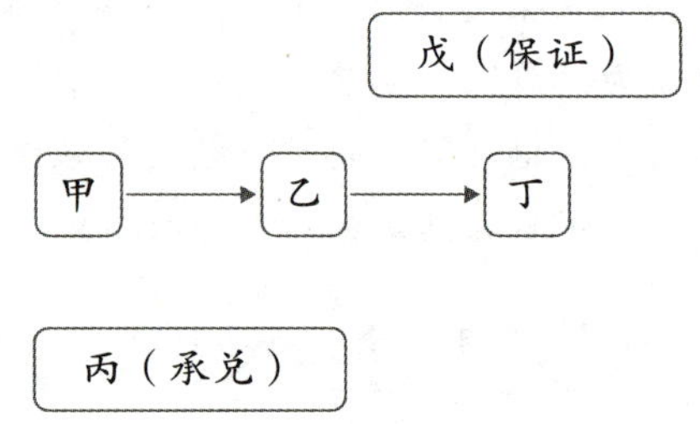

提问1：

票据未载明被保证人，则票据被保证人是谁？简要说明理由。

思考路径 确定谁是被保证人不看保证人是谁找来的，要关注有没有承兑。

参考答案 被保证人为丙公司。根据规定，保证人在汇票上未记载被保证人名称的，已承兑的汇票，承兑人为被保证人；未承兑的汇票，出票人为被保证人。

票据到期，丁公司向丙公司提示付款，丙公司以其与甲公司有合同纠纷为由，拒绝向丁公司付款，丁公司遂要求戊公司承担保证责任。戊公司向丁公司付款后，向丙公司进行追索，丙公司以其与戊公司之间不存在票据关系为由，拒绝付款。

建关系　读完材料第2自然段，再次建立“关系图”。

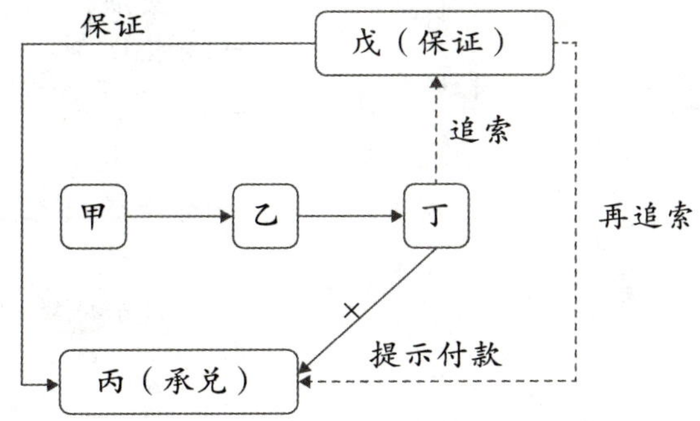

提问2：

丙公司是否有权拒绝向丁公司付款？简要说明理由。

思考路径　判断票据抗辩是否受到限制，关键在于判断该抗辩事由是否是持票人和直接债务人之间的。

参考答案　丙公司无权拒绝向丁公司付款。根据规定，票据债务人不得以自己与出票人之间的抗辩事由，对抗持票人。但是，持票人明知存在抗辩事由而取得票据的除外。

提问3：

戊公司付款后，是否有权向丙公司追索？简要说明理由。

思考路径　保证人能否行使再追索权：①看该保证是否是票据保证；②看再追索对象。

参考答案　戊公司付款后，有权向丙公司追索。根据规定，保证人清偿汇票债务后，可以对被保证人及其前手行使追索权。

2020年简答题2

2019年1月10日，甲公司为支付50万元货款，向乙公司背书转让了一张商业承兑汇票，并在汇票上记载“不得转让”字样，汇票上记载的付款日期为2019年4月30日。该汇票为甲公司通过其前手背书转让而取得。

2019年2月10日，乙公司为履行付款义务，将该汇票背书转让给丙公司，同时在汇票上记载“丙公司必须在2月15日之前交货”。丙公司实际于2月16日交货。

2019年5月5日，丙公司持该汇票请求承兑人付款。承兑人认为甲公司前手的签章系伪造，该汇票无效，拒绝付款。

2019年5月6日，丙公司向乙公司追索，乙公司以丙公司迟延交货为由，拒绝付款。

2019年5月7日，丙公司向甲公司追索，甲公司以汇票上有“不得转让”字样为由，拒绝付款。

建关系 读完材料，建立“关系图”。

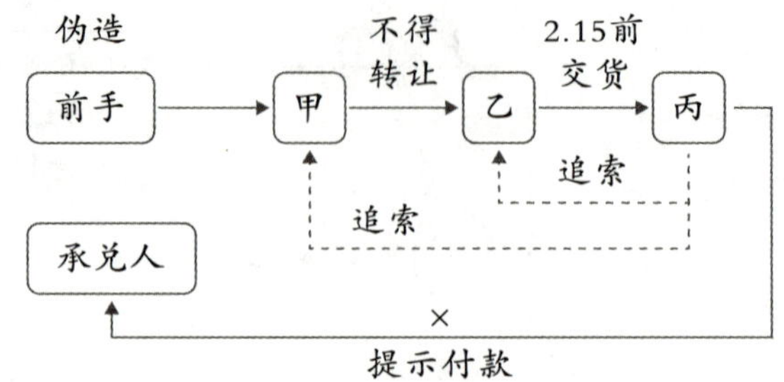

提问 1：

承兑人拒绝付款是否符合法律规定？简要说明理由。

思考路径 要点：①伪造对其他主体签章的影响；②作为承兑人的责任。

参考答案 承兑人拒绝付款不符合法律规定。根据规定，票据上有伪造签章的，不影响票据上其他真实签章的效力；付款人承兑汇票后，应当承担到期付款的责任。

提问 2：

乙公司拒绝付款是否符合法律规定？简要说明理由。

思考路径 “必须在 2 月 15 日之前交货”这一票面所附条件，不影响丙取得票据权利，即丙未在规定时间内交货，丙依然能取得票据权利，只是当丙向乙行使票据权利时，乙可以行使对人抗辩。

考生在解答类似题目时往往会纠结到底用“对人抗辩”还是“背书附条件”。这里建议：

①回答“背书行为是否有效”或“（直接后手）是否取得票据权利”时，用“背书附条件”的法条；

②回答“债务人是否能够拒绝付款”时，用“对人抗辩”的法条。其中，对人抗辩的要点：

A. 是否基础关系有违约；B. 是否和债务人有直接的债权债务关系。

参考答案 乙公司拒绝付款符合法律规定。根据规定，票据债务人可以对不履行约定义务的与自己有直接债权债务关系的持票人进行抗辩。

提问 3：

甲公司拒绝付款是否符合法律规定？简要说明理由。

思考路径 背书人记载“不得转让”，主要分析持票人是否是原背书人后手的被背书人。

参考答案 甲公司拒绝付款符合法律规定。根据规定，背书人在汇票上记载“不得转让”字样，其后手再背书转让的，原背书人对其后手的被背书人不承担保证责任。

2019 年简答题 1

甲公司根据合同约定向乙公司销售价值 270 万元的建筑材料，乙公司向甲公司交付一张经丙公司承兑的商业汇票，该汇票距到期日尚有 3 个月。甲公司持有汇票一个月后，因资金紧张，将其贴现给丁银行。丁银行在汇票到期日向丙公司提示付款时，遭拒付。丙公司拒付的理由是：乙公司来函告知，甲公司的建筑材料存在严重质量问题，对该汇票应拒付，请协助退回汇票。

丁银行认为，丙公司已承兑汇票，不得拒绝付款。丙公司坚持拒付，丁银行遂请求丙公司出具拒绝证明，以便向甲公司行使追索权。

建关系 读完材料，建立"关系图"。

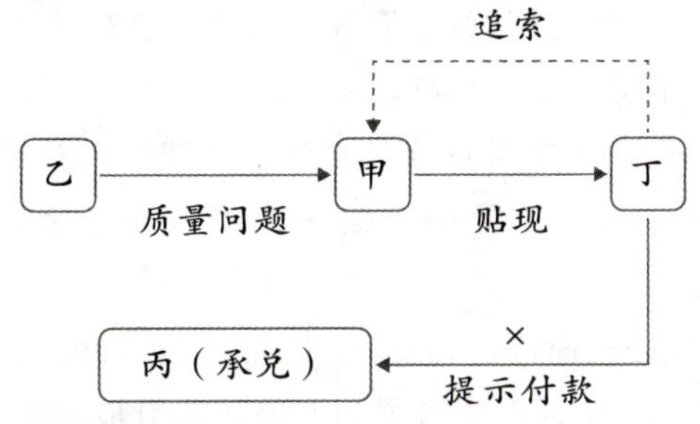

提问 1：

乙公司能否以建筑材料存在严重质量问题为由通知丙公司拒付该汇票？简要说明理由。

思考路径 本问考生很可能会用票据抗辩的限制来作答，但建议用票据关系和票据基础关系作答，因为题目问的是乙公司的通知是否可以让丙公司拒付，并非丁银行是否有权让丙公司付款。

参考答案 乙公司不能以建筑材料存在严重质量问题为由通知丙公司拒付该汇票。根据规定，票据关系一经形成，就与基础关系相分离，基础关系是否存在、是否有效，对票据关系都不起作用。

提问 2：

丁银行认为丙公司不得拒绝付款的理由是否成立？简要说明理由。

思考路径 着眼点为承兑的效力。

参考答案 丁银行认为丙公司不得拒绝付款的理由成立。根据规定，付款人承兑汇票后，作为汇票承兑人，成为汇票的主债务人，承兑人应于汇票到期日向持票人无条件地支付汇票上的金额。

提问 3：

丁银行可否向甲公司行使追索权？简要说明理由。

参考答案 丁银行可以向甲公司行使追索权。根据规定，出票人、背书人、承兑人和保证人均为被追索人，持票人可以不按照汇票债务人的先后顺序，对其中任何一人、数人或者全体行使追索权。在本题中，甲公司作为前手背书人，可以是丁银行行使追索权的对象。

2019 年简答题 2

2018 年 5 月 20 日，甲公司为支付货款，向乙公司签发一张 6 个月后付款且经丙公司承兑的商业汇票。

（1）6 月 20 日，乙公司为支付技术服务费将该汇票背书转让给丁公司，乙公司背书时在汇票上记载了“不得转让”字样。

（2）7 月 20 日，丁公司为支付货款又将该汇票背书转让给戊公司。戊公司要求提供担保，己公司作为保证人在汇票的正面记载“保证”字样并签章，但未记载被保证人的名称。

（3）11 月 25 日，戊公司向丙公司提示付款，丙公司以其与甲公司发生经济纠纷为由拒绝付款，并出具了拒绝证明。考虑到乙公司实力最为雄厚，戊公司首先向乙公司发出追索通知，乙公司拒绝。

建关系 读完材料第 1~4 自然段，建立“关系图”。

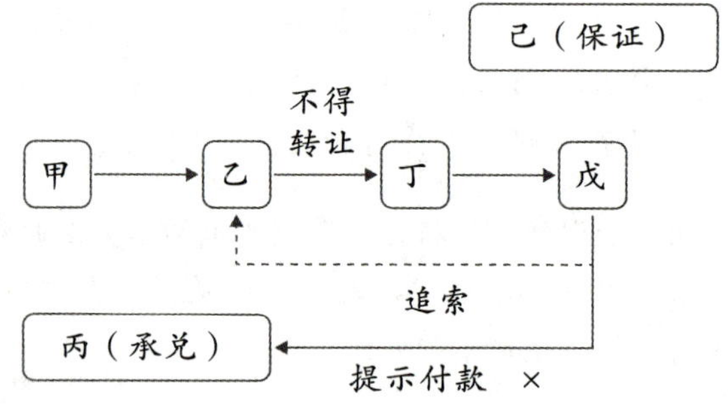

提问 1：

乙公司拒绝戊公司追索是否合法？简要说明理由。

思考路径 背书人记载“不得转让”，主要分析持票人是否是原背书人后手的被背书人。

参考答案 乙公司拒绝戊公司追索合法。根据规定，背书人在汇票上记载“不得转让”字样，其后手再背书转让的，原背书人对后手的被背书人不承担保证责任。

提问 2：

该汇票的被保证人是谁？简要说明理由。

思考路径 确定谁是被保证人不看保证人是谁找来的，要关注有没有承兑。

参考答案 该汇票的被保证人是丙公司。根据规定，保证人在汇票上未记载被保证人名称的，已承兑的汇票，承兑人为被保证人；未承兑的汇票，出票人为被保证人。

（4）11 月 27 日，戊公司又向己公司发出追索通知，己公司仅同意支付汇票金额，拒绝支付利息和发出通知书的费用。

建关系 读完材料第 5 自然段，再次建立“关系图”。

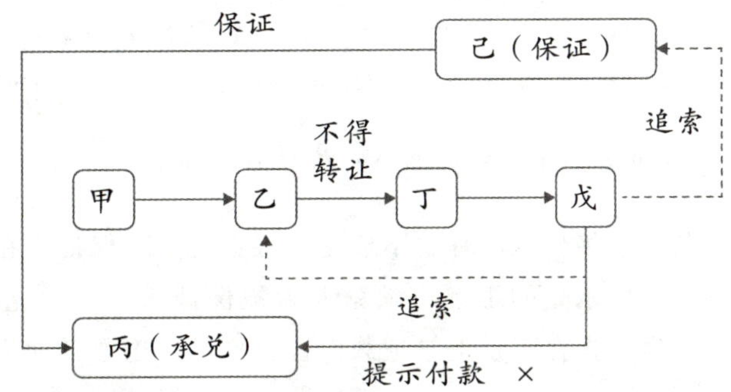

提问 3：

己公司拒绝支付利息和发出通知书的费用是否合法？简要说明理由。

思考路径 追索金额包括本金、利息和费用三部分。

参考答案 己公司拒绝支付利息和发出通知书的费用不合法。根据规定，持票人行使追索权，可以请求被追索人支付的金额和费用包括：（1）被拒绝付款的汇票金额；（2）汇票金额自到期日或者提示付款日起至清偿日止，按照中国人民银行规定的利率计算的利息；（3）取得有关拒绝证明和发出通知书的费用。

2018 年简答题 1

2018 年 7 月 14 日，甲公司从乙公司购买了办公设备，合计 20 万元，双方约定以商业汇票结算付款。7 月 15 日，乙公司签发了一张以甲公司为付款人、以乙公司的债权人丙公司为收款人、金额为 20 万元、期限为 2 个月的商业承兑汇票。甲公司经提示在汇票上签章承兑。该汇票在交付给丙公司时，丙公司要求甲公司提供保证。甲公司遂请求丁公司提供保证，丁公司提出需以甲公司设定抵押为保证生效条件，甲公司同意，丁公司以保证人身份在汇票上签章，并注明“该保证以甲公司提供抵押为生效条件”。丁公司保证甲公司付款，但票据上未记载被保证人名称和保证日期。

汇票到期后，丙公司获悉甲公司财务状况不佳，遂直接向保证人丁公司请求付款，丁公司拒绝付款，理由如下：（1）汇票未记载被保证人名称和保证日期，保证无效；（2）甲公司未提供抵押，保证不生效；（3）即使保证生效，持票人应先向被保证人请求付款，只有在被保证人不具有还款能力时才由保证人付款。

建关系 读完材料，建立“关系图”。

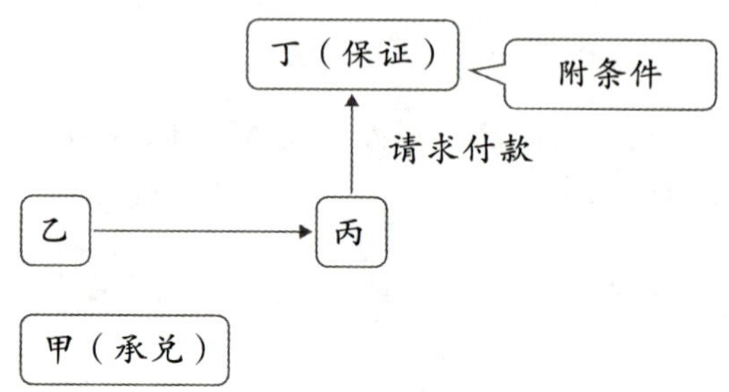

提问 1：

丁公司拒绝付款的理由（1）是否成立？简要说明理由。

参考答案 丁公司拒绝付款的理由不成立。根据规定，保证人在汇票上未记载被保证人名称的，已承兑的汇票，承兑人为被保证人；未承兑的汇票，出票人为被保证人。保证人在汇票上未记载保证日期的，出票日期为保证日期。

提问 2：

丁公司是否承担保证责任？简要说明理由。

参考答案 丁公司应承担保证责任。根据规定，保证不得附有条件；附有条件的，不影响对汇票的保证责任。

提问 3：

丙公司可否直接向丁公司主张票据权利？简要说明理由。

思考路径 考生的纠结点在于是否需要先找承兑人这个主债务人。其实，当保证人为承兑人提供保证时，由于双方是对外承担连带责任的，此时保证人也为主债务人，持票人可以直接对保证人行使付款请求权。

参考答案 丙公司可以直接向丁公司主张权利。根据规定，被保证的汇票，保证人应当与被保证人对持票人承担连带责任。

2018 年简答题 2

2018 年 5 月 16 日，甲公司签发一张转账支票交付给同城的乙公司，该支票记载了付款日期，但未记载票面金额和收款人名称，授权乙公司补记，乙公司收到该支票后，其财务人员对票面金额和收款人名称进行了补记，补记后的票面金额为 20 万元。乙公司在 5 月 25 日向甲公司开户行提示付款，遭到退票。甲公司开户行退票理由如下：（1）支票上票面金额和收款人名称记载与其他内容记载的字体不一致，显然不是出票人所记载；（2）支票上记载了付款日期。

提问 1：

甲公司开户行的退票理由（1）是否成立？简要说明理由。

思考路径　字体不一致→是否授权他人补记。

参考答案　甲公司开户行的退票理由（1）不成立。根据规定，支票上的金额和收款人名称可以由出票人授权补记，故记载字迹可以不一致。

提问 2：

甲公司开户行的退票理由（2）是否成立？简要说明理由。

思考路径　区分记载无效还是票据无效：若为记载无效，则仍为见票即付，支票在出票之日起 10 日内提示付款即可。

参考答案　甲公司开户行的退票理由（2）不成立。根据规定，支票限于见票即付，不得另行记载付款日期。另行记载付款日期的，该记载无效。

2015 年简答题

2014 年 10 月 20 日，甲公司向乙公司购买一批原材料，价款为 30 万元。因乙公司欠丙公司 30 万元，故甲公司与乙公司约定由乙公司签发一张甲公司为付款人、丙公司为收款人的商业汇票，乙公司于当日依约签发汇票并交付给丙公司，该汇票上未记载付款日期。

2014 年 11 月 15 日，丙公司向甲公司提示付款时，甲公司以乙公司交货不符合合同约定且汇票上未记载付款日期为由拒绝付款。

建关系　读完材料，建立“关系图”。

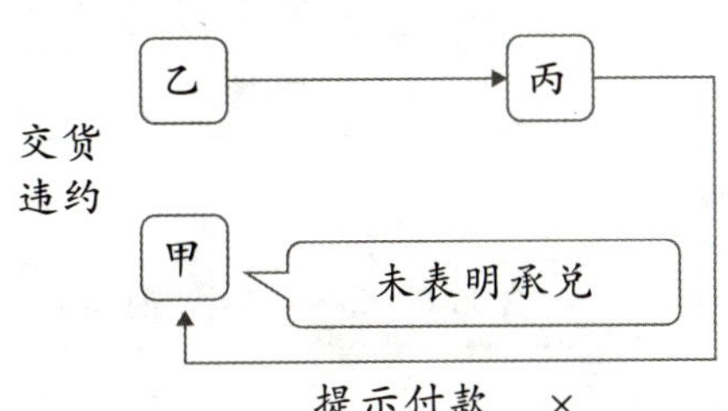

提问1：

甲公司以乙公司交货不符合合同约定为由拒绝付款的理由是否成立？简要说明理由。

思考路径 虽然本题牵涉基础关系的违约，但不能用对人抗辩回答，对人抗辩需要以直接的债权债务关系为背景（参考2020年简答题2）。本题应该用票据抗辩的限制来答题。

参考答案 甲公司以乙公司交货不符合合同约定为由拒绝付款的理由不成立。根据规定，票据债务人不得以自己与出票人之间的抗辩事由对抗持票人，但是，持票人明知存在抗辩事由而取得票据的除外。在本题中，甲公司不得以乙公司交付货物不符合约定为由对抗丙公司。

提问2：

甲公司以汇票上未记载付款日期为由拒绝付款的理由是否成立？简要说明理由。

思考路径 汇票的付款日期属于相对记载事项，未记载的，视为见票即付，不影响票据的效力。

参考答案 甲公司以汇票上未记载付款日期为由拒绝付款的理由不成立。根据规定，汇票上未记载付款日期的，视为见票即付。

2014年简答题

2010年3月8日，某食品厂向某面粉厂购买面粉20吨，货款共计12万元。同日，食品厂向面粉厂出具了以自己为出票人、其开户行A银行为付款人、面粉厂为收款人、票面金额为12万元的见票即付的商业汇票一张，并在该汇票上签章。

3月20日，面粉厂向某机械厂购买一台磨面机，价款为12万元，因此欲将其所持汇票背书转让给机械厂。机械厂要求对该汇票提供票据保证，鉴于养鸡场欠面粉厂12万元货款，于是面粉厂请求养鸡场提供担保。后养鸡场在汇票上记载“保证”字样并签章，但未记载被保证人名称和保证日期。

建关系 读完材料第1、2自然段，建立“关系图”。

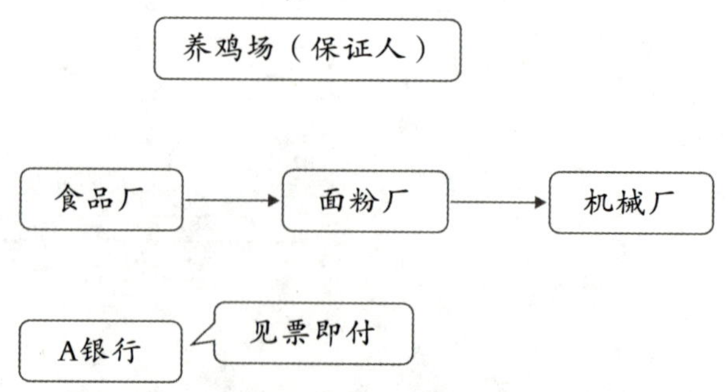

提问 1:

本案例中，谁是被保证人？简要说明理由。

思考路径　确定谁是被保证人，不看谁提出要找保证人或谁找来了保证人，要关注有没有经过承兑。本题是见票即付的汇票，故无须承兑。

参考答案　出票人食品厂为被保证人。根据规定，保证人在汇票上未记载被保证人名称的，已承兑的汇票，承兑人为被保证人；未承兑的汇票，出票人为被保证人。在本题中，见票即付的汇票，无须承兑，出票人食品厂为被保证人。

提问 2:

本案例中，保证日期为哪一天？简要说明理由。

参考答案　2010 年 3 月 8 日为保证日期。根据规定，未记载保证日期的，出票日期为保证日期。

---

3 月 27 日，面粉厂将该汇票背书转让给机械厂。4 月 2 日，机械厂持票向 A 银行提示付款。A 银行以食品厂经营状况不景气、即将解散为由拒绝付款，并作成退票理由书交给机械厂。机械厂欲行使追索权。

建关系　读完材料第 3 自然段，再次建立“关系图”。

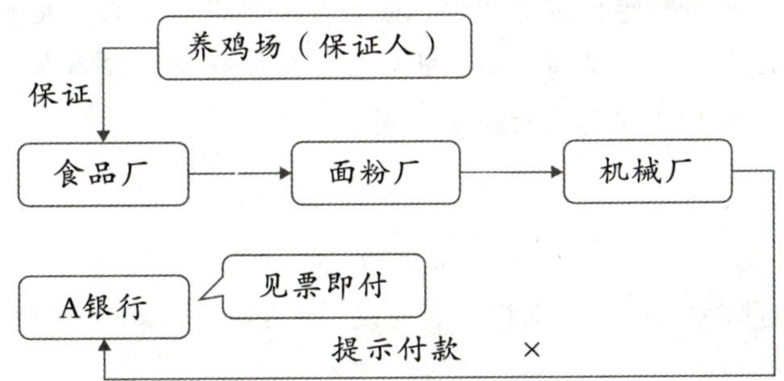

提问 3:

机械厂可向哪些人行使追索权？

思考路径　第一步，判断有没有超过提示付款期限：超过提示付款期限，丧失对出票人、承兑人以外的前手的追索权。但在作出说明后，承兑人或者付款人仍应当继续对持票人承担付款责任。本题是见票即付的商业汇票，提示付款期限为出票日起 1 个月，因此 4 月 2 日提示付款并未超过期限。

第二步，判断追索对象中是否包括付款人：考虑付款人是否承兑。若已经承兑，可以向其追索；反之，不可以。

参考答案　机械厂可向食品厂、面粉厂、养鸡场行使追索权。

2013年简答题

甲公司购买乙公司价值30万元的办公用品，向乙公司出具了一张A银行为付款人、票面金额为30万元的定日付款汇票。乙公司收到汇票后，向A银行提示承兑，A银行予以承兑。后乙公司为偿付所欠丙公司30万元货款，将该汇票背书转让给丙公司，并在背书时记载“禁止转让”字样。丙公司购买原材料时，又将该汇票背书转让给丁公司。丁公司于该汇票付款期限届满时，向A银行提示付款，A银行以甲公司账户资金不足为由拒绝付款，并作成拒绝付款证明交给丁公司。

建关系 读完材料，建立“关系图”。

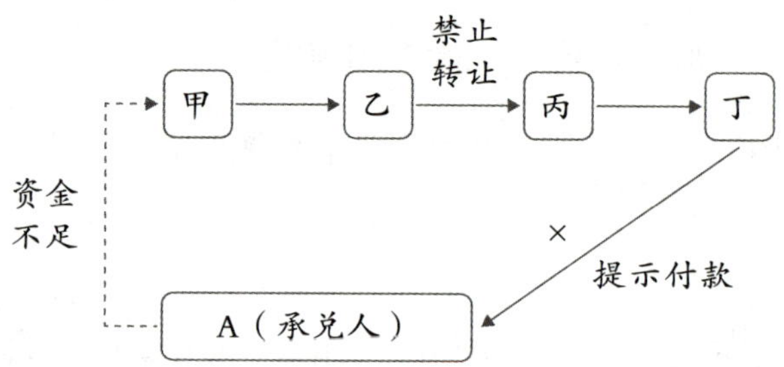

提问1：

A银行拒绝付款的理由是否成立？简要说明理由。

参考答案 A银行拒绝付款的理由不成立。根据规定，承兑人不得以其与出票人之间的资金关系来对抗持票人，拒绝支付汇票金额。在本题中，A银行不得以甲公司账户资金不足为由对抗丁公司。

提问2：

丁公司可以向哪些人行使追索权？简要说明理由。

思考路径 追索对象中是否包括付款人：考虑付款人是否承兑。若已经承兑，可以向其追索；反之，不可以。

参考答案 丁公司可以向甲公司、A银行、丙公司行使追索权。根据规定，被追索人包括出票人、背书人、承兑人和保证人；但是，背书人在汇票上记载“不得转让”字样，其后手再背书转让的，原背书人对其后手的被背书人不承担保证责任。因此，丁公司不得对乙公司行使追索权。

必备法条

一、票据法必备法条

（一）记载事项

1. 基本要求

（1）票据金额、出票日期和收款人名称不得更改，否则票据无效。

（2）签章

①单位在票据上的签章，应为该单位的财务专用章或者公章加其法定代表人或其授权的代理人的签名或者盖章。

②承兑人、保证人在票据上的签章不符合规定的，其签章无效，但不影响其前手符合规定签章的效力。

2. 汇票

（1）出票：汇票上未记载付款日期的，视为见票即付。

（2）背书

①背书人在汇票上记载“不得转让”字样，其后手再背书转让的，原背书人对后手的被背书人不承担保证责任。

②背书人未记载被背书人名称即将票据交付他人的，持票人在票据被背书人栏内记载自己的名称与背书人记载具有同等的法律效力。

③背书不得附条件。背书附条件的，所附条件不具有汇票上的效力，背书有效。

（3）承兑

①见票即付的汇票，无须承兑。见票后定期付款的汇票，自出票日起1个月内提示承兑。

②承兑不得附条件。承兑附有条件的，视为拒绝承兑。

（4）保证

①如果保证人未在票据或者粘单上记载“保证”字样而另行签订保证合同或者保证条款的，不属于票据保证。

②未记载被保证人的名称的，已承兑的汇票，承兑人为被保证人；未承兑的汇票，出票人为被保证人。

③未记载保证日期的，出票日期为保证日期。

④保证不得附条件，附有条件的，不影响对汇票的保证责任。

3. 支票

（1）支票上的金额和收款人名称可以授权补记。

①支票上的金额可以由出票人授权补记，未补记前的支票，不得使用。

②支票上的收款人名称出票人既可以授权收取支票的相对人补记，也可以由相对人再授权他人补记。

（2）支票限于见票即付，不得另行记载付款日期。另行记载付款日期的，该记载无效。

（二）票据伪造和变造

1. 伪造

（1）伪造人没有以自己的名义签章，不承担票据责任。但如果伪造人的行为给他人造成损害的，必须承担民事责任；构成犯罪的，还应承担刑事责任。

（2）被伪造人在票据上没有真实签章，无须承担票据责任。

（3）票据上有伪造签章的，不影响票据上其他真实签章的效力。持票人依法提示承兑、提示付款或者行使追索权时，在票据上真实签章人不能以票据伪造为由进行抗辩。

2. 变造：如果无法辨别签章发生在变造之前还是之后，视同在变造之前签章。

（三）票据权利和义务

1. 因欺诈、偷盗、胁迫、恶意取得票据或者因重大过失而取得不符合法律规定的票据的，不得享有票据权利。

2. 追索权

（1）被追索对象

①汇票的出票人、背书人、承兑人和保证人对持票人承担连带责任。持票人可以不按照汇票债务人的先后顺序，对其中任何一人、数人或者全体行使追索权。

②持票人对汇票债务人中的一人或者数人已经进行追索的，对其他汇票债务人仍然可以行使追索权。

（2）持票人行使追索权，可以请求被追索人支付下列金额和费用：

①被拒绝付款的汇票金额；

②汇票金额自到期日或者提示付款日起至清偿日止，按照中国人民银行规定的利率计算的利息；

③取得有关拒绝证明和发出通知书的费用。

（3）超期提示

①汇票的持票人未按照规定期限提示承兑的，持票人丧失对其一般前手的追索权，但并不丧失对出票人的追索权。

②汇票的持票人未按照规定期限提示付款的，丧失对出票人、承兑人以外的前手的追索权。但在作出说明后，承兑人或者付款人仍应当继续对持票人承担付款责任。

③支票的持票人应当自出票日起 10 日内提示付款。超过提示付款期限的，付款人可以不予付款；付款人不予付款的，出票人仍应当对持票人承担票据责任。

（4）再追索：保证人清偿汇票债务后，可以行使持票人对被保证人及其前手的追索权。

3. 票据责任

（1）付款人承兑汇票后，应当承担到期付款的责任。承兑人的票据责任不因持票人未在法定期限提示付款而解除。承兑人不得以其与出票人之间的资金关系来对抗持票人，拒绝支付汇票金额。

（2）被保证的汇票，保证人应当与被保证人对持票人承担连带责任。

（四）票据抗辩

1. 票据关系一经形成，就与基础关系相分离，基础关系是否存在、是否有效，对票据关系都不起作用。

2. 票据债务人可以对不履行约定义务的与自己有直接债权债务关系的持票人进行抗辩。

3. 票据债务人不得以自己与持票人的前手之间的抗辩事由对抗持票人，但持票人明知存在抗辩事由而取得票据的除外。

4. 票据债务人不得以自己与出票人之间的抗辩事由对抗持票人，但持票人明知存在抗辩事由而取得票据的除外。

二、保险法必备法条

（一）保险利益

1. 人身保险的投保人在保险合同订立时，对被保险人应当具有保险利益。

在人身保险中，投保人对下列人员具有保险利益：

（1）本人；

（2）配偶、子女、父母；

（3）上述人员以外的与投保人有抚养、赡养或者扶养关系的家庭其他成员、近亲属；

（4）与投保人有劳动关系的劳动者；

（5）与投保人之间不具有上述关系，但被保险人同意投保人为其订立合同的。

2. 人身保险合同订立后，因投保人丧失对被保险人的保险利益，当事人主张保险合同无效的，人民法院不予支持。

（二）死亡保险

1. 投保

（1）投保人不得为无民事行为能力人投保以死亡为给付保险金条件的人身保险，保险人也不得承保；父母为其未成年子女投保的人身保险，不受此限。

（2）以死亡为给付保险金条件的合同，未经被保险人同意并认可保险金额，保险合同无效，父母为其未成年子女投保的人身保险不受此限。

2. “同意并认可保险金额”的界定

（1）被保险人同意并认可保险金额，可以在合同订立时作出，也可以在合同订立后追认。

（2）有下列情形之一的，应认定为被保险人同意投保人为其订立保险合同并认可保险金额：

①被保险人明知他人代其签名同意而未表示异议的；

②被保险人同意投保人指定的受益人的；

③有证据足以认定被保险人同意投保人为其投保的其他情形。

3. 自杀条款：以被保险人死亡为给付保险金条件的合同，自合同成立或者合同效力恢复之日起2年内，被保险人自杀的，保险人不承担给付保险金的责任，但被保险人自杀时为无民事行为能力人的除外。

（三）受益人

1. 被保险人或者投保人可以变更受益人并书面通知保险人；投保人变更受益人未经被保险人同意，应认定变更行为无效。

2. 投保人或者被保险人变更受益人未通知保险人，保险人主张变更对其不发生效力的，法院应予支持。

（四）保险合同

1. 当事人 vs 关系人：投保人和保险人是保险合同的当事人，被保险人和受益人是保险合同的关系人。

2. 订立

（1）投保人或者投保人的代理人订立保险合同时没有亲自签字或者盖章，而由保险人或者保险人的代理人代为签字或者盖章的，对投保人不生效；但投保人已经交纳保险费的，视为其对代签字或者盖章行为的追认。

（2）保险人接受了投保人提交的投保单并收取了保险费，尚未作出是否承保的意思表示，发生保险事故，被保险人或者受益人请求保险人按照保险合同承担赔偿或者给付保险金责任：符合承保条件的，人民法院应予支持；不符合承保条件的，保险人不承担保险责任，但应当退还已经收取的保险费。

3. 履行

保险事故发生后，被保险人为防止或者减少保险标的的损失所支付的必要的、合理的费用，由保险人承担。保险人以被保险人采取的措施未产生实际效果为由抗辩的，人民法院不予支持。

4. 变更

（1）保险标的转让，被保险人或者受让人应当及时通知保险人，但货物运输保险合同和另有约定的合同除外。

（2）被保险人、受让人依法及时向保险人发出保险标的转让通知后，保险人作出答复前，发生保险事故，被保险人或者受让人主张保险人按照保险合同承担赔偿保险金的责任的，人民法院应予支持。

（3）保险标的已交付受让人，但尚未依法办理所有权变更登记，承担保险标的毁损灭失风险的受让人主张行使被保险人权利的，人民法院应予支持。

5. 解除

（1）投保人故意或者因重大过失未履行如实告知义务，足以影响保险人决定是否同意承保或者提高保险费率的，保险人有权解除合同。

（2）投保人、被保险人故意制造保险事故的，保险人有权解除合同，不承担赔偿或者给付保险金的责任。除另有规定外，不退还保险费：

①投保人故意造成被保险人死亡、伤残或者疾病的，保险人虽不承担给付保险金的责任，但若投保人已交足 2 年以上保险费的，保险人就应当按照合同约定向其他权利人退还保险单的现金价值。

②因被保险人故意犯罪或者抗拒依法采取的刑事强制措施导致其伤残或者死亡的，保险

人不承担给付保险金的责任；投保人已交足 2 年以上保险费的，保险人应当按照合同约定退还保险单的现金价值。

(3) 投保人申报的被保险人年龄不真实，并且其真实年龄不符合合同约定的年龄限制的，保险人可以解除合同，并按照合同约定退还保险单的现金价值。

(五) 代位求偿制度

1. 因第三者对保险标的的损害而造成的保险事故发生后，保险人未赔偿保险金之前，被保险人放弃对第三者请求赔偿的权利的，保险人不承担赔偿保险金的责任。

2. 保险人向被保险人赔偿保险金后，被保险人未经保险人同意放弃对第三者请求赔偿权利的，放弃无效。

3. 投保人和被保险人为不同主体，因投保人对保险标的的损害而造成保险事故，保险人有权依法主张代位行使被保险人对投保人请求赔偿的权利，但法律另有规定或者保险合同另有约定的除外。

4. 除被保险人的家庭成员或者其组成人员故意对保险标的损害而造成保险事故外，保险人不得对被保险人的家庭成员或者其组成人员行使代位请求赔偿的权利。

第四部分

「大题」主观题精刷篇

主观题精刷

试题部分

扫码做题、对答案

使用“会计云课堂”App扫码快速做题、对答案、看解析、掌握解题思路，开启轻松过关之旅。

专题一　公司和证券法律制度

【案例 1】

2022 年 8 月，蔡某、周某、陆某、林某四人共同出资设立长江有限责任公司（以下简称“长江公司”）。公司章程规定：公司注册资本为 100 万元，蔡某以现金出资 30 万元，周某以劳务作价出资 25 万元，陆某以房屋作价出资 35 万元，林某以商标权作价出资 10 万元。

公司成立时，陆某如期将房屋交付公司，但一直未办理出资房屋所有权转移手续。2023 年 1 月 20 日，长江公司向人民法院提起诉讼，请求认定陆某未履行出资义务。人民法院审理后，责令陆某于 10 日内予以纠正。在该期限内，陆某办理了权属变更手续。

2023 年 2 月 20 日，长江公司召开股东会，商议分红事宜。具体讨论事项如下：

（1）蔡某主张按照各自实缴的出资比例分红，林某则以公司成立时约定了损益平均分配为由抗辩。

（2）林某主张陆某无权享有 2022 年的公司利润分红，因陆某于 2023 年 1 月底才完成房屋的权属变更；陆某则以其在公司成立时起就实际交付房屋且已完成权属变更为由抗辩。

要求：根据上述资料和公司法律制度的规定，不考虑其他因素，回答下列问题。

（1）长江公司各股东的出资方式是否符合法律规定？并说明理由。

（2）林某的抗辩理由是否符合法律规定？并说明理由。

（3）陆某的抗辩理由是否符合法律规定？并说明理由。

【案例 2】

2022 年 11 月，秦某、胡某、苏某和黄某共同出资设立了甲有限责任公司（以下简称“甲公司”），注册资本为 250 万元。秦某、胡某、苏某和黄某分别出资 100 万元、40 万元、80 万元和30万元。公司章程规定：股东向股东以外的人转让股权，必须经其他股东3/4以上同意，而对其他表决方式、决议规则等未作特别规定。

2023年3月，甲公司召开股东会讨论公司增资一事。秦某和苏某赞成，胡某和黄某反对，最终股东会作出了增资的决定。黄某对此不予认同，故提出退出甲公司，要求甲公司以合理价格收购其持有的本公司股权，遭到拒绝。

要求：根据上述资料和公司法律制度的规定，不考虑其他因素，回答下列问题。

（1）公司章程中“股东向股东以外的人转让股权，必须经其他股东3/4以上同意”的规定是否符合法律规定？并说明理由。

（2）甲公司增资的决议能否通过？并说明理由。

（3）甲公司是否有权拒绝收购黄某的股权？并说明理由。

【案例3】

2021年9月，赵某、钱某、孙某和李某拟共同出资设立甲有限责任公司（以下简称“甲公司”）。钱某因为身份限制，遂与好友张某签订了一份协议，约定张某为名义股东，钱某实际出资并享有投资收益。后张某按照约定，认缴出资100万元，但钱某实际缴纳的仅为60万元。

经营一段时间后，公司逐渐陷入困境，债权人郭某以张某未完全履行出资义务为由，要求张某承担补充赔偿责任，张某以其为名义股东为由抗辩。

2022年11月，孙某对甲公司的经营状况有疑虑，提出查阅和复制公司账簿的书面请求，被甲公司拒绝。

2022年12月，乙公司拟收购甲公司。经查，甲公司的现任董事赵某曾于2015年因贪污罪被判有期徒刑3年，2018年刑满释放。

要求：根据上述资料和公司法律制度的规定，不考虑其他因素，回答下列问题。

（1）张某是否有权拒绝承担补充赔偿责任？并说明理由。

（2）甲公司拒绝孙某查阅和复制公司账簿是否符合法律规定？并说明理由。

（3）赵某担任甲公司董事是否符合法律规定？并说明理由。

【案例4】

甲股份有限公司（以下简称“甲公司”）于2019年2月成立，专门从事取暖器的生产。包某担任甲公司董事长，其持股比例为30%。

（1）甲公司董事会于2022年5月10日发布公告，公告称将于2022年6月12日召开股东大会年会。2022年6月1日，持有甲公司2%股份的A企业向董事会提交了书面的临时提案，董事会于6月4日通知了其他股东，并将该临时提案提交股东大会审议。

（2）股东大会讨论决定从董事长包某处购进生产线用于生产。然而，该生产线有严重的质量问题，多次维修仍无法运行，甲公司不得不从其他企业另行购买生产线。2023年1月，持股1.5%的发起人秦某知情后向监事会递交书面请求，要求监事会起诉包某要求赔偿，监事会未予理会。2023年3月，秦某以自己名义向人民法院起诉包某，要求包某赔偿公司损失。包某以该交易已经股东大会同意为由进行抗辩。

要求：根据上述资料和公司法律制度的规定，不考虑其他因素，回答下列问题。

（1）要点（1）中哪些不符合法律规定？并分别说明理由。

（2）秦某是否有权以自己名义起诉包某？并说明理由。

（3）包某提出的抗辩理由能否得到人民法院的支持？并说明理由。

【案例5】

长林有限责任公司（以下简称“长林公司”）由甲、乙、丙、丁四人于2021年出资设立，其中甲出资30万元，乙出资20万元，丙出资45万元，丁出资25万元。

公司成立后，召开了首次股东会会议。会议决定不设董事会、监事会，由甲担任执行董事和法定代表人、乙担任监事。公司章程对表决权行使、对外担保和继承等事项均未作特别规定。

2022年4月，乙向银行借款，应银行的要求，乙请求长林公司为其借款提供保证担保。长林公司为此召开股东会会议，甲、丙、丁均出席会议。在表决时，甲和丁同意，丙反对。

2022年12月，丙因病去世，其子作为唯一继承人要求继承丙在长林公司的股权。甲不同意该股权继承，主张行使优先购买权。

要求：根据上述资料和公司法律制度的规定，不考虑其他因素，回答下列问题。

（1）长林公司的首次股东会会议由谁召集和主持？并说明理由。

（2）股东会能否通过为乙提供担保的决议？并说明理由。

（3）甲主张对丙的股权行使优先购买权是否符合法律规定？并说明理由。

【案例6】

新林股份有限公司（以下简称“新林公司”）是一家于2019年8月在上海证券交易所主板上市的上市公司，已发行股份总数为10000万股。王某为其发起人之一，持有新林公司股票100万股，且担任公司副总经理。

中国证监会在2022年12月对新林公司进行例行检查中，发现以下事实：

（1）2022年6月，王某以16元/股卖出新林公司股票5万股；2022年10月，王某又以12元/股买入新林公司股票4万股，从而取得差价收益4万元。

（2）2022年11月，经股东大会授权，董事会召开会议讨论回购本公司股份用于员工持股计划。会议决定回购本公司股份1200万股，并于2024年12月前转让给公司员工。经查，新林公司并未发行可转债，并未为维护公司价值及股东权益所必需而回购股份。

（3）2022年12月，新林公司召开临时股东大会。会上，董事会提名了一位独立董事候选人谭某，该候选人是持有新林公司已发行股份2%的股东的姐姐。

要求：根据上述资料和公司、证券法律制度的规定，不考虑其他因素，回答下列问题。

（1）王某是否有权取得4万元的差价收益？并说明理由。

（2）关于股份回购的董事会决议是否符合法律规定？并说明理由。

（3）谭某是否符合新林公司独立董事的任职资格？并说明理由。

【案例 7】

利达有限责任公司（以下简称“利达公司”）由陆某、吴某、丁某共同出资设立，主营布料的生产和销售。陆某、吴某、丁某的出资比例分别为 14%、50%、36%。2022 年利达公司发生有关事项如下：

（1）9 月，陆某提议召开临时股东会，会议作出决议：更换王某担任公司的财务负责人。

（2）11 月，利达公司副经理宋某设立了甲个人独资企业（以下简称“甲企业”）从事布料销售，并擅自以利达公司的名义从甲企业购买布料，从中获利 50 万元。经查，利达公司章程并未对相关交易事项作出规定。丁某知道此事后，提出该获利应收归利达公司所有。

要求：根据上述资料和公司法律制度的规定，不考虑其他因素，回答下列问题。

（1）陆某是否有权提议召开临时股东会？并说明理由。

（2）股东会决定更换财务负责人的决议是否符合法律规定？并说明理由。

（3）丁某提出的宋某的获利应收归利达公司所有是否符合法律规定？并说明理由。

【案例 8】

林川股份有限公司（以下简称“林川公司”）于 2017 年 3 月成立，并于 2020 年 9 月成功在主板上市，已发行的股份总数为 10000 万股。林川公司设有董事会，董事会成员共 12 人。2022 年林川公司发生下列事实：

（1）6 月，林川公司拟为甲公司 2 亿元的银行贷款提供担保，已知林川公司最近一期经审计总资产为 6 亿元。林川公司股东大会对该项担保进行表决时，出席股东大会的股东所持股份总数为 8000 万股，表决结果为赞成票 5000 万股、反对票 3000 万股。

（2）9 月，林川公司就其向乙公司投资事项召开董事会会议。董事孙某因故无法出席会议，书面委托其妻吴某代为出席。

（3）11 月，林川公司拟向其股东丙公司销售一批原材料，而林川公司的董事彭某、华某正是由丙公司派出的。林川公司召开董事会对该销售事项进行表决，无关联关系的董事中有七位出席了该次会议。除两位董事投了反对票以外，其余董事均表示赞成。

要求：根据上述资料和公司法律制度的规定，不考虑其他因素，回答下列问题。

（1）股东大会为甲公司提供担保的决议是否能够通过？并说明理由。

（2）孙某书面委托其妻吴某代为出席董事会会议是否符合法律规定？并说明理由。

（3）董事会能否通过向丙公司销售原材料的决议？并说明理由。

专题二 合伙企业法律制度

【案例 1】

2021 年 9 月，赵某、钱某、张某三人出资设立甲有限合伙企业（以下简称“甲企业”）。合伙协议约定：（1）赵某、钱某为普通合伙人，张某为有限合伙人。（2）甲企业第一年的盈利全部分配给张某，其后每年的盈利由赵某、钱某、张某平分。（3）合伙协议对有限合伙人的权利未作限制性约定。

2022 年甲企业发生下列事实：

（1）3 月，赵某以其在甲企业中的财产份额出质，为自己向银行借款提供质押担保。钱某、张某对此事并不知情。

（2）8 月，赵某发现张某投资设立了某一人有限责任公司，从事与甲企业相同的业务，挤占了甲企业的市场份额。赵某要求张某不得从事与甲企业相竞争的业务，遭到张某拒绝。

要求：根据上述资料和合伙企业法律制度的规定，不考虑其他因素，回答以下问题。

（1）甲企业第一年的盈利全部分配给张某的约定是否符合法律规定？并说明理由。

（2）赵某以其在甲企业中的财产份额出质的行为是否有效？并说明理由。

（3）赵某要求张某不得从事与甲企业相竞争的业务是否符合法律规定？并说明理由。

【案例 2】

A 有限合伙企业（以下简称“A 企业”）于 2021 年 11 月设立，甲、乙为普通合伙人，丙、丁为有限合伙人。

2022 年 A 企业发生如下事项：

（1）3 月，A 企业向 B 银行贷款 50 万元。

（2）4 月，A 企业吸收戊作为普通合伙人入伙，戊认缴出资 10 万元。

（3）6 月，甲、丙提出退伙。经结算，甲从 A 企业分回 10 万元，丙从 A 企业分回 20 万元。

（4）8 月，经全体合伙人一致同意，丁转变为普通合伙人，A 企业转为普通合伙企业。

（5）10 月，B 银行的贷款到期，要求 A 企业偿还，A 企业的财产仅为 5 万元。

要求：根据上述资料和合伙企业法律制度的规定，不考虑其他因素，回答以下问题。

（1）B 银行能否要求甲清偿 A 企业不足清偿的全部 45 万元？并说明理由。

（2）B 银行能否要求丙清偿 A 企业不足清偿的全部 45 万元？并说明理由。

（3）B 银行能否要求丁清偿 A 企业不足清偿的全部 45 万元？并说明理由。

（4）B 银行能否要求戊清偿 A 企业不足清偿的全部 45 万元？并说明理由。

【案例 3】

2022 年 8 月，丁某、李某、张某设立了甲普通合伙企业（以下简称“甲企业”），丁某出资 5 万元，李某出资 8 万元，张某出资 2 万元。

合伙协议约定的内容如下：

（1）由丁某执行合伙企业事务，李某和张某不得过问企业事务；

（2）丁某无权自行决定超过 10 万元的企业支出；

（3）利润和损失由丁某、李某、张某平均分配和分担。

除上述事项以外，合伙协议未对其他事项作出特别约定。

2022 年 12 月，丁某以甲企业的名义与乙企业签订了一份买卖合同，价款为 12 万元。甲企业得知后，认为该合同是丁某超越权限订立的，合同无效。经查，乙企业并不清楚合伙协议对丁某的权限限制。

要求：根据上述资料和合伙企业法律制度的规定，不考虑其他因素，回答以下问题。

（1）合伙协议中关于合伙企业事务执行的约定是否符合法律规定？并说明理由。

（2）合伙协议中关于分配和分担合伙企业损益的约定是否符合法律规定？并说明理由。

（3）甲企业主张买卖合同无效是否成立？并说明理由。

【案例 4】

甲、乙、丙、丁四人共同投资设立A有限合伙企业（以下简称“A企业”）。其中，甲、乙为普通合伙人，丙、丁为有限合伙人。甲负责执行合伙企业事务，合伙协议对合伙人的权利未作限制性约定。

在经营过程中发生以下事项：

（1）A企业因急需一批原材料，丁表示自己正好有此储备，故将该批原材料售予A企业，乙、丙对此交易均不知情。

（2）为提高管理水平，事务执行人甲自行决定聘请王某担任A企业的经营管理人员。

（3）事务执行人甲提议接收戊为新的普通合伙人，且打算通过入伙协议约定“戊入伙后无须对入伙前A企业的债务承担无限连带责任”。

要求：根据上述资料和合伙企业法律制度的规定，不考虑其他因素，回答以下问题。

（1）丁将原材料售予A企业的行为是否符合法律规定？并说明理由。

（2）甲自行决定聘请王某担任A企业的经营管理人员是否符合法律规定？并说明理由。

（3）A企业吸收戊入伙的条件是否符合法律规定？并说明理由。

专题三　物权和合同法律制度

【案例 1】

2023年3月1日，A公司向B公司借款，双方签订借款合同。借款总额为1000万元，期限为1年，年利率为20%。

3月3日，B公司与C公司签订了抵押合同，约定C公司以其生产设备为A公司的债务提供抵押担保。3月10日，双方办理了抵押登记。3月12日，D公司单方以书面形式向B公司作出保证，B公司接收且未提出异议。当事人未对实现担保权的顺序作出特别约定。

借款期限届满后，A公司因经营不善，亏损严重，无力清偿到期借款。于是，B公司要求D公司承担保证责任，D公司抗辩称：（1）自己未曾与B公司签订保证合同，借款合同中亦无保证条款，无须承担保证责任；（2）即使保证成立，鉴于抵押权的设立在保证之前，B公司也应先实现在C公司生产设备上设立的抵押权。

已知：2023年3月的1年期贷款市场报价利率为3.65%。

要求：根据上述资料和物权、合同法律制度的规定，不考虑其他因素，回答下列问题。

（1）B公司主张A公司按照年利率20%偿付借款期间的利息是否符合法律规定？并说明理由。

（2）D公司的抗辩（1）是否成立？并说明理由。

（3）D公司的抗辩（2）是否成立？并说明理由。

【案例2】

2022年8月，甲公司与乙公司签订大型机械设备融资租赁合同。该合同约定：乙公司根据甲公司的选择，向丙公司订购一台大型机械设备，出租给甲公司使用，甲公司向乙公司每月支付租金10万元。租赁期限为5年，按月（每月为一期）支付租金，期满甲公司可以1000元的价格购买该设备。

甲公司收到机械设备后，经过一段时间的使用，发现设备无法正常运行（已过保修期）。甲公司要求乙公司履行维修义务，并要求其承担设备不符合约定的违约责任。乙公司表示拒绝。

要求：根据上述资料和合同法律制度的规定，不考虑其他因素，回答下列问题。

（1）根据融资租赁合同的约定，租赁期限届满后机械设备的所有权归谁？并说明理由。

（2）乙公司是否有权拒绝履行机械设备的维修义务？并说明理由。

（3）乙公司是否应承担机械设备不符合约定的违约责任？并说明理由。

【案例3】

2022年8月1日，甲与乙签订书面房屋租赁合同，租期2年，租金每月1万元。在合同期内，发生了下列事项：

（1）因算命先生指出乙“五行缺火”，乙在客厅建了一个壁炉。甲知悉后，通知乙解除租赁合同，乙表示拒绝。

（2）房屋天花板漏雨，乙通知甲维修，甲以合同未约定维修条款为由拒绝。乙只好自己找人维修，花去维修费6000元。

（3）由于乙去外地出差，故经甲同意将房屋转租给丙，租期半年。丙租住期间，因使用不当，将甲的热水器损坏。甲要求乙赔偿热水器损坏的损失，乙主张热水器系由丙损坏，甲应向丙索赔。

要求：根据上述资料和合同法律制度的规定，不考虑其他因素，回答下列问题。

（1）乙拒绝解除与甲的租赁合同是否符合法律规定？并说明理由。

（2）天花板漏雨的维修费应当由谁承担？并说明理由。

（3）甲是否有权要求乙赔偿热水器损坏的损失？并说明理由。

【案例4】

2022年9月1日，甲公司与乙公司签订了一份设备买卖合同。合同约定：（1）设备价款10万元；（2）9月3日甲公司支付定金3万元；（3）乙公司于11月1日交货，甲公司在收货后10日内付清货款。

9月3日，甲公司依约支付了3万元定金。

11月1日，乙公司未按期向甲公司交付设备。同时，乙公司表示由于资金紧张，暂时无法购买生产该批设备的原材料，要求甲公司先付货款。甲公司拒绝了乙公司的请求，并要求乙公司必须在10日内交付设备。

11月11日，乙公司仍未向甲公司交付设备。甲公司提出解除合同，并要求适用定金罚则由乙公司双倍返还定金6万元。

要求：根据上述资料和合同法律制度的规定，不考虑其他因素，回答下列问题。

（1）甲公司拒绝先付货款是否符合法律规定？并说明理由。

（2）甲公司提出解除合同是否符合法律规定？并说明理由。

（3）甲公司要求乙公司双倍返还定金6万元是否符合法律规定？并说明理由。

【案例5】

2022年1月5日，宋某向甲公司购买汽车一辆，双方签订了买卖合同，总价款40万元。合同签订当日，甲公司将汽车交付给宋某，宋某支付了10万元，剩余部分将分三期在每季度末支付。为担保购买价款的履行，宋某将该汽车抵押给甲公司，双方于1月13日办理了抵押登记。

1月8日，宋某因经营周转需要向乙公司借款30万元，期限9个月，以上述汽车办理了抵押登记。乙公司要求宋某同时提供其他担保，宋某遂请求李某提供保证。李某与乙公司签订了保证合同，约定保证方式为一般保证，但对保证范围未作约定。

10月8日，宋某借款到期未能清偿，且宋某下落不明，经查无财产可供执行。乙公司遂提起诉讼，请求李某对该债务承担保证责任，并请求实现在抵押车辆上设立的抵押权。

李某抗辩如下：（1）保证合同对保证范围没有约定，保证合同无效。（2）即便保证合同有效，自己只承担一般保证责任，享有先诉抗辩权，乙公司在就债务人宋某财产依法强制执行仍不能实现债权之前，不能要求保证人承担保证责任。

甲公司得知后提出，宋某最后两期购买价款20万元尚未支付，主张就汽车的拍卖款优先受偿，且优于乙公司受偿。乙公司则认为：宋某与其办理抵押登记的时间为1月8日，早于与甲公司办理抵押登记的时间，故甲公司的顺位在后。

要求：根据上述资料和合同、物权法律制度的规定，不考虑其他因素，回答下列问题。

（1）李某的抗辩（1）是否成立？并说明理由。

（2）李某的抗辩（2）是否成立？并说明理由。

（3）乙公司认为“甲公司顺位在后”的观点是否符合法律规定？并说明理由。

【案例6】

2020年8月1日，甲公司向乙公司购买大型机床10台，双方签订了买卖合同，总金额100万元。合同约定：8月10日甲公司向乙公司付款，9月1日乙公司向甲公司交付机床。8月8日，甲公司在新闻中得知，乙公司一员工因心理出现问题，纵火烧了仓库。并且，乙公司尚有与其他企业的机床买卖合同需要履行，对于甲公司购买的机床目前处于无法履行的状态。8月10日，甲公司通知乙公司，表示暂停付款。8月13日，乙公司回函称，有存放在其他仓库的机床若干，不影响与甲公司之间的合同履行。随后，甲公司支付了价款。

9月1日，乙公司将10台机床交付承运人丙公司。甲公司于9月4日收到机床，其中1台由于乙公司员工搬动时碰撞，导致重要部件失灵无法正常使用。9月5日，甲公司知悉上述情况后提出解除该机床的买卖合同。同日，乙公司表示拒绝，并主张甲公司未在合同约定的时间支付价款，构成违约，应当承担违约责任。

乙公司交付甲公司的机床中有1台一直未启用。直至2023年1月启用时，甲公司才发现该台机床因质量瑕疵无法使用，遂向乙公司主张赔偿。

要求：根据上述资料和合同法律制度的规定，不考虑其他因素，回答下列问题。

（1）甲公司是否有权就重要部件失灵无法正常使用的机床部分解除买卖合同？并说明理由。

（2）9月5日，乙公司是否有权主张甲公司承担违约责任？并说明理由。

（3）甲公司是否有权要求乙公司就2023年1月发现的机床质量瑕疵进行赔偿？并说明理由。

【案例7】

甲公司向乙银行借款500万元，借款期限自2022年1月1日至2022年12月31日，借款期间按年利率10%计息。

为担保借款，甲公司将其一台生产设备和一辆小汽车抵押给乙银行，办理了抵押登记。抵押合同约定：借款到期，若甲公司不能偿还借款本息，小汽车归乙银行所有。

4月5日，甲公司为解决流动资金短缺，将上述生产设备以100万元的价格卖给了丙公司。该转让已通知乙银行，但未事先经过乙银行同意。丙公司于当日提走了该生产设备，并拟于4月底之前将价款支付给甲公司。

5月1日，甲公司将上述小汽车出租给丁公司，租期为8个月。11月15日，丁公司的司机在驾驶中发生交通事故，小汽车被送到戊修理厂修理。修理完毕，因无力支付维修费，小汽车被戊修理厂留置。

之后，甲公司欠乙银行的借款到期，乙银行以甲公司、丙公司、戊修理厂为被告向人民法院起诉，主张如下：（1）取得甲公司小汽车的所有权；（2）就甲公司设定抵押的生产设备行使抵押权。

甲公司抗辩：乙银行无权取得小汽车的所有权。丙公司抗辩：乙银行无权就其购买的生产设备行使抵押权。戊修理厂抗辩：其留置权的行使应优先于乙银行抵押权的行使。

已知：抵押合同对抵押物转让事项未作约定。

要求：根据上述资料和物权法律制度的规定，不考虑其他因素，回答下列问题。

（1）乙银行能否主张取得甲公司小汽车的所有权？并说明理由。

（2）乙银行是否有权就甲公司出卖给丙公司的生产设备行使抵押权？并说明理由。

（3）戊修理厂的抗辩是否成立？并说明理由。

【案例 8】

甲、乙、丙共同出资购买了一辆跑车，甲出资 10 万元，乙出资 15 万元，丙出资 25 万元，三人约定按出资比例共有。

2022 年 3 月，甲提出发动机动力性能不佳，需要对跑车进行维修。甲和丙商量后，将跑车送修，最终花费 8 万元更换了发动机，此事并未征得乙的同意。之后，维修厂要求乙支付全部维修费，乙表示对此并不知情，故拒绝。

2022 年 4 月，乙对维修一事耿耿于怀，不想再与甲、丙共有，欲将其份额对外转让。之后，乙和丁谈妥转让一事，于 4 月 15 日完成共有份额权属转移，此事乙并未告知甲、丙。6 月 1 日，丙偶然听说此事，认为乙的行为侵害了自己的优先购买权，仅主张乙和丁的财产份额转让合同无效。

要求：根据上述资料和物权法律制度的规定，不考虑其他因素，回答下列问题。

（1）跑车的维修是否需要征得乙的同意？并说明理由。

（2）乙是否有权拒绝向维修厂支付全部维修费？并说明理由。

（3）丙是否有权主张乙和丁的财产份额转让合同无效？并说明理由。

【案例 9】

2022 年 3 月 1 日，甲公司向乙银行借款 50 万元，并以其一栋厂房设定抵押。双方签订了抵押合同，并于 3 月 5 日办理了抵押登记。在抵押合同中，双方还约定该栋厂房在抵押期间不得转让，并将该约定进行登记。

4 月 4 日，甲公司因急需周转资金，将该厂房转让给丙公司，并办理了房屋所有权转移登记。乙银行认为甲公司违反了禁止转让的规定，主张该转让不发生物权效力。

6 月 1 日，借款期满，甲公司无力清偿。于是，乙银行诉至人民法院，请求实现抵押权并从拍卖价款中优先受偿。在厂房的拍卖程序中，李某于 7 月 3 日竞拍成功并付清了价款，7 月 11 日拍卖成交裁定书送达李某住处并随之生效，7 月 22 日办理了该厂房的转移登记手续。

8 月 2 日，甲公司为了扩大生产规模，又向丁银行借款 20 万元，以其库存商品设定抵押，同日办理了抵押登记。抵押合同中未对抵押物的转让作特别约定。

9 月 3 日，甲公司向戊公司出售库存商品若干。当日，戊公司支付了价款，并取走了商品。

11 月 2 日，甲公司欠丁银行的借款到期，仍无力清偿。丁银行要求实现抵押权，其中包括向戊公司出售的部分。

要求：根据上述资料和物权法律制度的规定，不考虑其他因素，回答下列问题。

（1）乙银行主张厂房转让不发生物权效力是否符合法律规定？并说明理由。

（2）李某何时取得厂房的所有权？并说明理由。

（3）丁银行主张对出售给戊公司的库存商品实现抵押权是否符合法律规定？并说明理由。

专题四　金融法律制度

【案例 1】

2022 年 8 月 1 日，甲公司向乙公司购买了一批家电，为支付货款，甲公司签发了一张以乙公司为收款人，以丙公司为付款人的纸质商业汇票。原本，甲公司和乙公司约定到期日为出票后 3 个月，但因疏忽，甲公司未记载付款日期。

8 月 12 日，乙公司将该票据背书转让给丁公司，但未记载背书日期。丁公司要求对该汇票提供票据保证，鉴于戊公司欠乙公司货款，于是乙公司请求戊公司提供担保。后戊公司在汇票上记载“保证”字样并签章，但未记载被保证人名称。

8 月 20 日，丁公司持票向丙公司提示付款。丙公司以“乙公司在背书转让时未记载背书日期”为由拒绝付款，并作成拒绝证明交给丁公司。丁公司欲行使追索权。

要求： 根据上述资料和票据法律制度的规定，不考虑其他因素，回答以下问题。

（1）丙公司拒绝付款的理由是否成立？并说明理由。

（2）本案例中，谁是被保证人？并说明理由。

（3）丁公司可向哪些人行使追索权？

【案例 2】

A 公司为了支付货款，向 B 公司签发了一张以甲银行为承兑人、金额为 80 万元的纸质银行承兑汇票，甲银行作为承兑人已经在票面上签章。之后，B 公司为了清偿债务，将该票据背书转让给了债权人 C 公司。乙趁 C 公司的财务负责人不备，将票据盗走。之后，乙将私刻的 C 公司法定代表人个人名章和 C 公司的公章盖于背书栏，并将该汇票交付给 D 公司用于支付房屋租金，D 公司对乙伪造一事并不知情。

票据到期时，D 公司向甲银行提示付款，甲银行在审核过程中发现汇票上的 C 公司的签章系伪造，故拒绝付款。次日，D 公司收到了退票理由书，并向 B 公司、C 公司发出追索通知，要求支付汇票金额、相关利息和费用共计 84 万元，均遭拒绝。其中，C 公司拒绝的理由是，C 公司的签章系他人伪造；B 公司拒绝的理由是，追索金额 84 万元超过票据金额。

之后，D 公司知悉乙伪造一事，遂向其追索，也遭到拒绝。

要求： 根据上述资料和票据法律制度的规定，不考虑其他因素，回答以下问题。

（1）甲银行拒绝向持票人 D 公司承担票据责任的理由是否成立？并说明理由。

（2）C 公司拒绝向持票人 D 公司承担票据责任的理由是否成立？并说明理由。

（3）B 公司拒绝向持票人 D 公司承担票据责任的理由是否成立？并说明理由。

（4）乙拒绝向持票人 D 公司承担票据责任是否合法？并说明理由。

【案例 3】

2023 年 3 月 5 日，甲公司向乙公司签发一张金额为 50 万元、见票后 2 个月付款的银行承兑汇票，以支付所欠货款。乙公司收到该汇票后于 3 月 25 日向丙银行提示承兑，丙银行当日在汇票上记载“承兑”字样，签署了承兑日期并签章。

随后，乙公司又将汇票背书转让给丁公司，用于偿付设备采购款，并于票据上注明：“设备检测合格后，票据转让生效。”但是，设备运抵乙公司后，检测不合格，双方发生纠纷。4 月 8 日，丁公司为支付一笔咨询费，将汇票背书转让给戊公司，戊公司对乙、丁公司之间的纠纷并不知情。

6 月 1 日，戊公司向丙银行提示付款，遭拒付。戊公司遂向前手行使追索权。乙公司以丁公司交付的设备检测不合格为由拒绝承担票据责任；丁公司向戊公司承担了票据责任。事后，丁公司向乙公司再追索，被乙公司以上述同样的理由拒绝。

要求：根据上述资料和票据法律制度的规定，不考虑其他因素，回答以下问题。

（1）乙公司提示承兑的时间是否符合法律规定？并说明理由。

（2）乙公司的背书转让行为是否有效？并说明理由。

（3）乙公司拒绝戊公司追索的理由是否成立？并说明理由。

（4）乙公司拒绝丁公司再追索的理由是否成立？并说明理由。

【案例 4】

甲公司向乙公司购买一批电脑，为支付货款，2023 年 1 月 1 日甲公司向乙公司签发一张到期日为 2 月 5 日、金额为 80 万元的纸质银行承兑汇票。A 银行作为承兑人在汇票上签章。

乙公司收到该汇票后背书转让给丙公司，用于偿还其所欠的特许权使用费，但未在被背书人栏记载丙公司的名称。1 月 9 日，丙公司收到汇票后，直接将自己的名称记载于被背书人栏。之后，丙公司为支付房屋租金，将该汇票背书转让给丁公司，并在汇票上注明“不得转让”字样。丁公司随即又将该汇票背书转让给戊公司，用于购买打印纸。

2 月 7 日，戊公司持该汇票向 A 银行提示付款。A 银行核查发现丙公司名称系自行记载于被背书人栏，故以自行记载不具效力为由拒付，戊公司于当日收到拒绝证明。2 月 12 日，戊公司向丁公司发出追索通知，丁公司以戊公司未按法定期限通知前手为由拒绝承担票据责任。于是，戊公司又向丙公司追索，丙公司以其在汇票上记载“不得转让”字样为由，拒绝付款。

要求：根据上述资料和票据法律制度的规定，不考虑其他因素，回答以下问题。

（1）A 银行的拒付理由是否成立？并说明理由。

（2）丁公司拒绝戊公司追索的理由是否成立？并说明理由。

（3）丙公司拒绝戊公司追索的理由是否成立？并说明理由。

【案例 5】

2023 年 2 月 14 日，甲公司为了购买一批鲜花，向乙公司签发了一张 5 万元的支票。支票上记载的付款日期为 2023 年 2 月 28 日，但未记载收款人名称。由于乙公司尚欠丙公司一笔应付账款，乙公司遂授权丙公司补记。丙公司收到该支票后，其财务人员对收款人名称进行了补记。

2023 年 2 月 28 日，丙公司向甲公司的开户行 A 银行提示付款，A 银行以超过提示付款期限为由拒绝付款。

要求：根据上述资料和票据法律制度的规定，不考虑其他因素，回答以下问题。

（1）甲公司在支票上记载付款日期为 2023 年 2 月 28 日是否有效？并说明理由。

（2）乙公司是否可以授权丙公司补记收款人名称？并说明理由。

（3）A 银行拒绝付款的理由是否成立？并说明理由。

【案例 6】

2021 年 1 月，韩梅梅为丈夫李雷向甲保险公司投保健康险，李雷指定自己的弟弟李奎为受益人，保险公司承保并出具保单。

2022 年 12 月，李雷和韩梅梅因感情不和离婚。由于李奎一直暗恋韩梅梅，于是趁机追求，韩梅梅并未答应。2023 年 2 月，李奎认为韩梅梅的拒绝是因为对李雷余情未了，于是在明知李雷有心脏病的情况下，还故意刺激李雷，造成李雷突发心梗死亡。

事后，李奎向保险公司提出索赔的请求，遭到拒绝。甲保险公司拒绝赔偿的理由如下：

（1）甲保险公司经调查发现，李雷 2020 年 12 月曾做过心脏搭桥手术，但在填写投保单以及回答保险公司相关询问时，韩梅梅均未如实告知。

（2）保险事故发生时，李雷和韩梅梅已经离婚，韩梅梅对李雷不具有保险利益，保险合同无效。

（3）经公安机关调查发现，李雷突发心梗系李奎故意刺激造成。

要求：根据上述资料和保险法律制度的规定，不考虑其他因素，回答以下问题。

（1）甲保险公司是否可以韩梅梅违反如实告知义务为由拒绝赔偿？并说明理由。

（2）甲保险公司是否可以韩梅梅丧失保险利益为由主张保险合同无效？并说明理由。

（3）甲保险公司是否可以受益人故意造成保险事故为由拒绝赔偿？并说明理由。

【案例 7】

2022 年 11 月 11 日，李某为其名下的私家车向甲保险公司投保了车损险，被保险人为李某。保险合同中列有免责条款，其中包括“未投保涉水险的发动机进水，车损险不赔”。关于该条款，保险公司已向李某履行了提示和明确说明义务。

2022 年 12 月 5 日，李某由于要长期在外地出差，遂将小汽车卖与赵某。当日，李某即将小汽车交付赵某，赵某也将上述事实通知了甲保险公司。

之后，赵某发现当网约车司机收入不错，于是决定将私家车专门用来跑网约车。某晚，正值暴雨天，赵某载客途中，车辆行驶至路段低洼处，发动机进水熄火，赵某又强行打火造成发动机损坏。赵某向甲保险公司索赔，保险公司调查后表示拒绝赔付，理由如下：

（1）该事故属于免责条款所列事项。

（2）保险标的用途的改变属于危险程度显著增加，被保险人应当按照合同约定及时通知保险公司，但赵某并未履行危险程度增加的通知义务。

（3）保险标的转让，并未取得保险公司的同意，故赵某无权主张索赔。

赵某认为，李某将小汽车转让给自己后，保险公司未向其就免责条款作出提示说明，故免责条款不成为合同内容。

要求：根据上述资料和保险法律制度的规定，不考虑其他因素，回答以下问题。

（1）甲保险公司是否可以赵某未履行危险增加的通知义务而拒绝赔付？并说明理由。

（2）甲保险公司的第（3）项理由是否成立？并说明理由。

（3）赵某主张免责条款不成为合同内容是否符合法律规定？并说明理由。

专题五 跨章节综合题

【案例 1】

鸿达有限责任公司（以下简称“鸿达公司”）由甲、乙、丙三家公司投资设立。甲、乙、丙公司的出资比例分别为60%、10%和30%。

2022年1月1日，乙公司向甲公司购买设备，双方约定：乙公司按月支付价款10万元，每月第五日为付款日，期限为12个月，总价款为120万元。1月5日，乙公司向甲公司签发已经由A银行承兑的银行承兑汇票。次日，甲公司为支付货款，将该汇票背书转让给丁公司，并记载了“不得转让”字样。丁公司在取得票据之后，为了购买原材料，又将该票据背书转让给了戊公司。

票据到期时，戊公司向A银行提示付款，遭拒付。戊公司遂向前手行使追索权。甲公司以其在汇票上记载“不得转让”字样为由拒绝承担票据责任。丁公司以戊公司未按合同约定交付原材料为由拒绝承担票据责任。

2月5日，乙公司如约支付了10万元价款。

3月5日，乙公司未向甲公司支付价款。当日，为了担保后续的履行，乙公司将一辆轿车抵押给了甲公司，双方办理了抵押登记。次日，双方又达成补充协议，约定该轿车在抵押期间不得转让，但双方未将该约定进行登记。3月15日，乙公司因急需周转资金，将该轿车以30万元的价格转让给吴某并交付完成，吴某对“轿车在抵押期间不得转让”的约定并不知情。甲公司得知后，向人民法院起诉，请求确认乙公司转让轿车的行为不发生物权转移效力。

4月5日，乙公司仍未向甲公司支付价款。甲公司催告后，乙公司仍未履行。于是，甲公司主张解除合同。之后，双方协商，决定继续履行合同。另外，甲公司主张就吴某购买的轿车行使抵押权。

12月1日，鸿达公司经营状况不断恶化，遂召开股东会审议解散公司的事项。对此，甲公司投了赞成票，乙公司投了反对票，丙公司弃权。

要求：根据上述资料和公司、物权、合同、票据法律制度的规定，不考虑其他因素，回答下列问题。

（1）甲公司拒绝戊公司追索的理由是否成立？并说明理由。

（2）丁公司拒绝戊公司追索的理由是否成立？并说明理由。

（3）甲公司请求确认乙公司的转让行为不发生物权转移效力，人民法院是否应予支持？并说明理由。

（4）甲公司是否有权主张解除和乙公司的设备买卖合同？并说明理由。

（5）甲公司是否有权主张就吴某购买的轿车行使抵押权？并说明理由。

（6）股东会关于解散公司的决议是否能够通过？并说明理由。

【案例 2】

2022 年 1 月 1 日，赵某、钱某和孙某共同出资购买了一辆汽车，三人商议按 1∶2∶2 的份额共有。半年后，孙某的男友送给她一辆豪华轿车。于是，孙某打算将其共有份额转让，李某表示愿意购买。赵某得知后，认为对外转让共有份额应当征得其他共有人同意。然而，孙某却认为三人之间对此并无特别约定，因此可以直接转让其共有份额。赵某为了避免矛盾，也接受了份额的转让。

之后，赵某心存愤懑，趁李某出差期间，劝说钱某将汽车出售。次日，赵某、钱某按市场价格将汽车出售给了甲有限责任公司（以下简称“甲公司”），并完成了交付。经查：签订合同时，甲公司并不知道车辆为三人共有。李某出差回来后得知此事，向人民法院起诉，要求甲公司返还汽车。

2022 年 8 月 5 日，甲公司为支付车辆购买价款向赵某签发了一张金额为 15 万元的支票。8 月 20 日，赵某向甲公司的开户银行 P 银行提示付款。P 银行以超过提示付款期限为由拒绝付款。9 月 1 日，赵某持该支票要求甲公司承担票据责任，甲公司亦以超过提示付款期限为由拒绝。

2022 年年底，甲公司经调查发现：经理周某与朋友共同出资设立乙公司，并负责乙公司的生产经营。由于乙公司的产品在款式、功能等方面与甲公司产品相差无几，且周某利用职务之便获得了很多老客户的资料，抢占了生意，使得甲公司损失惨重。甲公司董事会遂作出决议：将周某从乙公司所得的收入归甲公司所有。

2023 年 1 月 5 日，持有甲公司 0.5%股权的股东陆某得知上述情形后，书面请求甲公司监事会对周某提起诉讼，监事会自收到请求之日起 30 日内未提起诉讼，陆某遂以自己的名义直接向人民法院提起诉讼，要求周某向甲公司赔偿损失。

要求：根据上述资料和公司、物权、合同、票据法律制度的规定，不考虑其他因素，回答下列问题。

（1）赵某关于“对外转让共有份额应当征得其他共有人同意”的观点是否符合法律规定？并说明理由。

（2）李某要求甲公司返还汽车，人民法院是否应予支持？并说明理由。

（3）P 银行拒绝付款的理由是否符合法律规定？并说明理由。

（4）甲公司拒绝承担票据责任的理由是否符合法律规定？并说明理由。

（5）甲公司董事会的决议是否符合法律规定？并说明理由。

（6）陆某是否有权以自己的名义直接向人民法院提起诉讼？并说明理由。

【案例 3】

2021 年 5 月，赵某、钱某、孙某和李某共同出资设立甲有限责任公司（以下简称“甲公司”），四人分别认缴出资 100 万元、40 万元、80 万元和 30 万元。公司章程规定对股权转让未作特别规定。

2022 年 2 月 1 日，甲公司为了支付装修款，签发了一张以乙公司为收款人、P 银行为付款人的银行承兑汇票，该汇票上未记载付款日期。后乙公司将其背书转让给丙公司，用以支付设备款。丙公司要求提供担保，黄某作为保证人在票据上签章，但未记载被保证人名称。2月20日，丙公司将该汇票背书转让给丁公司以支付租金。

2月24日，丁公司向P银行提示付款，P银行以“汇票未记载付款日期，票据无效”为由拒绝付款。丁公司遂要求黄某承担保证责任，黄某以“未记载被保证人名称，保证行为无效”为由拒绝承担责任。

2022年3月10日，甲公司向戊公司借款1000万元。双方约定：借款期限1年，年利率10%。甲公司将一厂房抵押给戊公司，双方签订了抵押合同并办理了抵押登记。该厂房在2022年1月1日已出租给秦某，租期2年。为了担保借款，孙某与戊公司签订了保证合同，约定的保证方式为连带责任保证，约定保证期间为与主债务履行期限同时到期。戊公司与孙某、甲公司之间未对担保责任的承担顺序作出约定。

2023年3月，甲公司欠戊公司的借款到期，无力进行清偿。戊公司遂要求孙某承担保证责任，孙某拒绝。理由是：(1) 约定的保证期间与主债务履行期限同时届满，视为没有约定保证期间，故无须承担保证责任；(2) 即便承担保证责任，戊公司也应先实现在厂房上设定的抵押权。

4月1日，钱某不愿留在甲公司，遂提出将其所持有的全部股权转让给武某。同日，钱某分别向赵某、孙某和李某发出书面通知，并就股权转让事项征求同意。赵某于4月5日回复，同意转让。孙某于4月17日回复，不同意转让。李某于4月2日收到通知后，至5月6日仍未就转让事项作出任何答复。5月10日，钱某遂将其所持有的全部股权转让给了武某。

要求：根据上述资料和公司、物权、合同、票据法律制度的规定，不考虑其他因素，回答下列问题。

(1) P银行拒绝付款的理由是否成立？并说明理由。

(2) 黄某拒绝承担保证责任的理由是否成立？并说明理由。

(3) 孙某的抗辩理由 (1) 是否成立？并说明理由。

(4) 孙某的抗辩理由 (2) 是否成立？并说明理由。

(5) 秦某的租赁合同是否会受到戊公司抵押权实现的影响？并说明理由。

(6) 钱某将其股权转让给武某是否符合法律规定？并说明理由。

答案部分

专题一 公司和证券法律制度

【案例1答案】

(1) 周某以劳务作价出资不合法。根据规定，股东不得以劳务、信用、自然人姓名、商誉、特许经营权或者设定担保的财产等作价出资。

(2) 林某的抗辩理由符合法律规定。根据规定，有限责任公司的股东按照实缴的出资比例分取红利，但全体股东约定不按照出资比例分取红利的除外。

(3) 陆某的抗辩理由符合法律规定。根据规定，出资人以房屋、土地使用权或者需要办理权属登记的知识产权等财产出资，已经交付公司使用但未办理权属变更手续，公司、其他股东或公司债权人主张认定出资人未履行出资义务的，人民法院应当责令当事人在指定的合理期间内办理权属变更手续；在前述期间内办理了权属变更手续，法院应当认定其已经履行了出资义务。出资人主张自其实际交付财产给公司使用时享有相应股东权利，人民法院应予支持。

【案例 2 答案】

(1) 该规定符合法律规定。根据规定，有限责任公司的股东向股东以外的人转让股权，应当经其他股东过半数同意。但是，公司章程对股权转让另有规定的，从其规定。

(2) 甲公司增资的决议能通过。根据规定，公司增资属于股东会的特别决议事项，必须经代表 2/3 以上表决权的股东通过。有限责任公司股东会会议由股东按照出资比例行使表决权；但是，公司章程另有规定的除外。在本题中，股东按照出资比例行使表决权，秦某和苏某赞成，占表决权比例 72%，超过全部表决权的 2/3。

(3) 甲公司有权拒绝收购黄某的股权。有下列情形之一的，对股东会该项决议投反对票的股东可以请求公司按照合理的价格收购其股权，退出公司：①公司连续 5 年不向股东分配利润，而公司该 5 年连续盈利，并且符合法律规定的分配利润条件的；②公司合并、分立、转让主要财产的；③公司章程规定的营业期限届满或者章程规定的其他解散事由出现，股东会会议通过决议修改章程使公司存续的。对公司增资决议投反对票的股东无权请求。

【案例 3 答案】

(1) 张某无权拒绝承担补充赔偿责任。根据规定，公司债权人以登记于公司登记机关的股东未完全履行出资义务为由，请求其对公司债务不能清偿的部分在未出资本息范围内承担补充赔偿责任，股东不得以其仅为名义股东为由进行抗辩。

(2) 甲公司拒绝孙某查阅公司账簿不符合法律规定，但拒绝孙某复制公司账簿符合法律规定。根据规定，有限责任公司的股东有权要求查阅公司会计账簿，但无权要求复制公司会计账簿。

(3) 赵某担任甲公司董事不符合法律规定。根据规定，因贪污、贿赂、侵占财产、挪用财产或破坏社会主义市场经济秩序，被判处刑罚，执行期满未逾 5 年的，不得担任董事、监事、高级管理人员。

【案例 4 答案】

(1) ①A 企业提交临时提案的资格不符合法律规定。根据规定，单独或者合计持有公司 3% 以上股份的股东，可以在股东大会召开 10 日前提出临时提案并书面提交董事会。

②董事会将临时提案通知其他股东的时间不符合规定。根据规定，董事会应当在收到提案后2日内通知其他股东，并将该临时提案提交股东大会审议。

（2）秦某有权以自己名义起诉包某。根据规定，董事侵害公司利益，股东书面请求监事会起诉，监事会收到请求之日起30日内未提起诉讼，连续180日以上单独或合计持有股份有限公司1%以上股份的股东有权以自己名义提起股东代表诉讼。在本题中，秦某是发起人，持股时间超过180日，持股比例也符合要求。监事会于2023年1月收到书面请求，直至3月未予理会，符合“监事会收到请求之日起30日内未提起诉讼”的要求。

（3）包某提出的抗辩理由不能得到人民法院的支持。根据规定，关联交易损害公司利益，控股股东、实际控制人、董事、监事、高级管理人员被提起诉讼后，被告仅以该交易已履行了信息披露、经股东（大）会同意等法律、行政法规或者公司章程规定的程序为由抗辩的，人民法院不予支持。

【案例5答案】

（1）长林公司的首次股东会会议由丙召集和主持。根据规定，有限责任公司首次股东会会议由出资最多的股东召集和主持。

（2）股东会能够通过为乙提供担保的决议。根据规定，公司为股东提供担保的，必须经股东会决议。接受担保的股东，不得参加该事项的表决。该项表决由出席会议的其他股东所持表决权的过半数通过。有限责任公司的股东会会议由股东按照出资比例行使表决权，但公司章程另有规定的除外。在本题中，接受担保的股东乙回避了表决，投赞成票的股东占出席会议的其他股东所持表决权的55%，故决议能够通过。

（3）甲主张对丙的股权行使优先购买权不符合法律规定。根据规定，有限责任公司的自然人股东因继承发生变化时，其他股东主张同等条件下行使优先购买权的，人民法院不予支持，但公司章程另有规定或全体股东另有约定的除外。

【案例6答案】

（1）王某无权取得4万元的差价收益。根据规定，上市公司董事、监事、高级管理人员以及持有上市公司股份5%以上的股东，将其持有的该公司的股票在买入后6个月内卖出，或者在卖出后6个月内又买入，由此所得收益归上市公司所有，上市公司董事会应当收回其所得收益。在本题中，王某是副总经理，为高级管理人员，受到短线交易限制，所以4万元的差价收益应当归新林公司所有。

（2）关于股份回购的董事会决议不符合法律规定。根据规定，上市公司将股份用于员工持股计划或者股权激励、用于转换上市公司发行的可转换为股票的公司债券以及上市公司为维护公司价值及股东权益所必需而收购本公司股份，公司合计持有的本公司股份数不得超过本公司已发行股份总额的10%，并应当在3年内转让或者注销。在本题中，新林公司发行在外的股份总数为10000万股，回购本公司股份1200万股用于员工持股计划，超过了本公司已发行股份总额的10%。

（3）谭某符合新林公司独立董事的任职资格。根据规定，直接或者间接持有上市公司已发行股份1%以上或者是上市公司前10名股东中的自然人股东及其直系亲属，不得担任独立董事。在本题中，谭某是持有新林公司已发行股份2%的股东的姐姐，姐姐属于主要社会关系，并非直系亲属，所以谭某有资格担任新林公司的独立董事。

【案例7答案】

（1）陆某有权提议召开临时股东会。根据规定，代表1/10以上表决权的股东有权提议召开临时股东会。有限责任公司股东会会议由股东按照出资比例行使表决权；但是，公司章程另有规定的除外。在本题中，陆某的出资比例为14%，其表决权达到了1/10以上。

（2）股东会决定更换财务负责人的决议不符合法律规定。根据规定，决定聘任或者解聘公司经理及其报酬事项，并根据经理的提名决定聘任或者解聘公司副经理、财务负责人及其报酬事项，属于董事会的职权。

（3）丁某提出的宋某的获利应收归利达公司所有符合法律规定。根据规定，公司董事、高级管理人员不得违反公司章程的规定或者未经股东（大）会同意，与本公司订立合同或者进行交易，否则所得的收入应当归公司所有。

【案例8答案】

（1）股东大会为甲公司提供担保的决议不能通过。根据规定，上市公司在1年内购买、出售重大资产或者担保金额超过公司最近一期经审计总资产30%的，应当由股东大会作出决议，并经出席会议的股东所持表决权的2/3以上通过。股份有限公司的股东所持的每一股份有一表决权。在本题中，该项担保的赞成票为5000万股，未达到出席会议的股东所持表决权（8000万股）的2/3以上。

（2）孙某书面委托其妻吴某代为出席董事会会议不符合法律规定。根据规定，董事会会议应当由董事本人出席，董事因故不能出席的，可以书面委托其他董事代为出席。

（3）董事会不能通过向丙公司销售原材料的决议。根据规定，上市公司董事与董事会会议决议事项所涉及的企业有关联关系的，不得对该项决议行使表决权，也不得代理其他董事行使表决权。该董事会会议由过半数的无关联关系董事出席即可举行，董事会会议所作决议须经无关联关系董事过半数通过。在本题中，董事彭某、华某属于有关联关系的董事，因此无关联关系的董事为10人。出席的人数为7人，符合出席比例的要求。赞成的人数为5人，占无关联关系董事的50%，不符合过半数的要求。

专题二　合伙企业法律制度

【案例1答案】

（1）甲企业第一年的盈利全部分配给张某的约定符合法律规定。根据规定，有限合伙企业不得将全部利润分配给部分合伙人，但合伙协议另有约定的除外。

（2）赵某以其在甲企业中的财产份额出质的行为无效。根据规定，普通合伙人以其在合伙企业中的财产份额出质的，须经其他合伙人一致同意；未经其他合伙人一致同意，其行为无效。

（3）赵某要求张某不得从事与甲企业相竞争的业务不符合法律规定。根据规定，有限合伙人可以自营或者同他人合作经营与本有限合伙企业相竞争的业务；但是，合伙协议另有约定的除外。

【案例2答案】

（1）B银行可以要求甲清偿A企业不足清偿的全部45万元。根据规定，退伙的普通合伙人对基于其退伙前的原因发生的合伙企业债务，承担无限连带责任。

（2）B银行不得要求丙清偿A企业不足清偿的全部45万元。根据规定，有限合伙人退伙后，对基于其退伙前的原因发生的有限合伙企业债务，以其退伙时从有限合伙企业中取回的财产（20万元）承担责任。

（3）B银行可以要求丁清偿A企业不足清偿的全部45万元。根据规定，有限合伙人转变为普通合伙人的，对其作为有限合伙人期间有限合伙企业发生的债务承担无限连带责任。

（4）B银行可以要求戊清偿A企业不足清偿的全部45万元。根据规定，新入伙的普通合伙人对入伙前合伙企业的债务承担无限连带责任。

【案例3答案】

（1）合伙协议中关于合伙企业事务执行的约定不符合法律规定。根据规定，不执行合伙事务的合伙人有权监督执行事务合伙人执行合伙事务的情况。

（2）合伙协议中关于分配和分担合伙企业损益的约定符合法律规定。根据规定，合伙企业的利润分配、亏损分担按照合伙协议的约定办理。

（3）甲企业主张买卖合同无效不成立。根据规定，合伙企业对合伙人执行合伙事务以及对外代表合伙企业权利的限制，不得对抗善意第三人。在本题中，乙企业并不清楚合伙协议对丁某的权限限制，属于善意第三人，故该买卖合同有效。

【案例4答案】

（1）丁将原材料售予A企业的行为符合法律规定。根据规定，有限合伙人可以同本有限合伙企业进行交易；但是，合伙协议另有约定的除外。

（2）甲自行决定聘请王某担任A企业的经营管理人员不符合法律规定。根据规定，除合伙协议另有约定外，聘任合伙人以外的人担任合伙企业的经营管理人员，须经全体普通合伙人一致同意。

（3）A企业吸收戊入伙的条件符合法律规定。新合伙人入伙，除合伙协议另有约定外，应当经全体合伙人一致同意。入伙的新合伙人与原合伙人享有同等权利，承担同等责任。如果原合伙人愿意以更优越的条件吸引新合伙人入伙，或者新合伙人愿意以较为不利的条件入伙，也可以在入伙协议中另行约定。

专题三　物权和合同法律制度

【案例 1 答案】

（1）B 公司主张 A 公司按照年利率 20%偿付借款期间的利息不符合法律规定。根据规定，在民间借贷合同中，出借人请求借款人按照合同约定利率支付利息的，人民法院应予支持，但双方约定的利率超过合同成立时 1 年期贷款市场报价利率 4 倍的除外。在本题中，20%>3.65%×4，应当按照合同成立时 1 年期贷款市场报价利率的 4 倍计算借款期间的利息，即年利率 14.6%（3.65%×4）。

（2）D 公司的抗辩（1）不成立。根据规定，第三人单方以书面形式向债权人作出保证，债权人接收且未提出异议的，保证合同成立。

（3）D 公司的抗辩（2）不成立。根据规定，被担保的债权既有物的担保又有人的担保的，债务人不履行到期债务或者发生当事人约定的实现担保物权的情形，债权人应当按照约定实现债权；没有约定或者约定不明确，第三人提供物的担保的，债权人可以就物的担保实现债权，也可以要求保证人承担保证责任。

【案例 2 答案】

（1）租赁期限届满后机械设备的所有权归甲公司。根据规定，当事人约定租赁期限届满，承租人仅需向出租人支付象征性价款（1000 元）的，视为约定的租金义务履行完毕后租赁物的所有权归承租人（甲公司）。

（2）乙公司有权拒绝履行机械设备的维修义务。根据规定，在融资租赁合同中，承租人（甲公司）应当履行占有租赁物期间的维修义务。

（3）乙公司无须承担机械设备不符合约定的违约责任。根据规定，融资租赁物不符合约定或者不符合使用目的的，出租人不承担责任；但承租人依赖出租人的技能确定租赁物或者出租人干预选择租赁物的除外。

【案例 3 答案】

（1）乙拒绝解除与甲的租赁合同符合法律规定。根据规定，承租人经出租人同意，可以对租赁物进行改善或者增设他物，如未经出租人同意，出租人可以请求承租人恢复原状或者赔偿损失（并非解除合同）。合同不存在法定解除的情形，甲无权解除合同。

（2）天花板漏雨的维修费应当由甲承担。根据规定，出租人应当履行租赁物的维修义务，但当事人另有约定或者因承租人过错致使租赁物需要维修的除外。承租人在租赁物需要维修时可以请求出租人在合理期限内维修，出租人未履行维修义务的，承租人可以自行维修，维修费用由出租人负担。在本题中，并无证据表明天花板漏雨系乙的过错所致，租赁合同也未约定维修条款，所以应由甲承担维修义务。甲拒绝承担的，乙可以自行维修，但维修费用由甲负担。

（3）甲有权要求乙赔偿热水器损坏的损失。根据规定，承租人经出租人同意，可以将租赁物转租给第三人，第三人（丙）对租赁物造成损失的，承租人（乙）应当承担赔偿责任。

【案例4答案】

（1）甲公司拒绝先付货款符合法律规定。根据规定，当事人互负债务，有先后履行顺序，应当先履行一方未履行的，后履行一方有权拒绝其履行请求。在本题中，甲公司应在收货后10日内付清货款，乙公司未交货，甲公司有权拒绝付款。

（2）甲公司提出解除合同符合法律规定。根据规定，当事人一方迟延履行主要债务，经催告后在合理期限内仍未履行，另一方可以解除合同。

（3）甲公司要求乙公司双倍返还定金6万元不符合法律规定。根据规定，定金的数额由当事人约定，但不得超过主合同标的额的20%，超过部分不产生定金的效力。在本题中，甲公司只能要求乙公司返还5万元（退3万元+定金罚则2万元）。

【案例5答案】

（1）李某的抗辩（1）不成立。根据规定，当事人对保证担保的范围没有约定或者约定不明确的，保证人应当对全部债务（包括主债权、利息、违约金、损害赔偿金和实现债权的费用）承担责任。

（2）李某的抗辩（2）不成立。根据规定，在主合同纠纷未经审判或者仲裁，并就债务人财产依法强制执行仍不能履行债务前，一般保证人对债权人可以拒绝承担保证责任。但是，债务人下落不明，且无财产可供执行的，一般保证人不得行使先诉抗辩权。

（3）乙公司认为“甲公司顺位在后”的观点不符合法律规定。根据规定，动产抵押担保的主债权是抵押物的价款，标的物交付后10日内办理抵押登记的，该抵押权人优先于抵押物买受人的其他担保物权人受偿，但是留置权人除外。在本题中，甲公司办理抵押登记时间为1月13日，属于在汽车交付后10日内办理，甲公司优先于乙公司受偿。

【案例6答案】

（1）甲公司有权就重要部件失灵无法正常使用的机床部分解除买卖合同。根据规定，当事人一方迟延履行债务或者有其他违约行为致使不能实现合同目的的，另一方当事人有权通知对方解除合同。标的物为数物，其中一物不符合约定的，买受人可以就该物解除合同。在本题中，重要部件失灵无法正常使用属于其他违约行为致使不能实现合同目的，故有权解除。

（2）乙公司无权主张甲公司承担违约责任。根据规定，应当先履行债务的当事人，有确切证据证明对方可能丧失履行债务能力的，可以行使不安抗辩权，中止履行。

（3）甲公司无权要求乙公司就2023年1月发现的机床质量瑕疵进行赔偿。根据规定，当事人没有约定检验期限的，买受人自标的物收到之日起2年内未通知出卖人标的物的数量或者质量不符合约定的，视为标的物的数量或者质量符合约定。

【案例 7 答案】

(1) 乙银行不得主张取得甲公司小汽车的所有权。根据规定，抵押权人在债务履行期限届满前，与抵押人约定债务人不履行到期债务时抵押财产归债权人所有的，该约定无效，只能依法就抵押财产优先受偿。

(2) 乙银行有权就甲公司出卖给丙公司的生产设备行使抵押权。根据规定，抵押期间，抵押人可以转让抵押财产，当事人另有约定的，按照其约定。抵押人转让抵押财产的，应当及时通知抵押权人，抵押权不受影响。

(3) 戊修理厂的抗辩成立。根据规定，同一动产上已经设立抵押权或者质权，该动产又被留置的，留置权人优先受偿。

【案例 8 答案】

(1) 跑车的维修不需要征得乙的同意。根据规定，按份共有人对共有的不动产或者动产作重大修缮的，应当经占份额 2/3 以上的按份共有人同意，但共有人之间另有约定的除外。在本题中，甲和丙的份额占 70%，符合份额 2/3 以上的要求。

(2) 乙无权拒绝向维修厂支付全部维修费。根据规定，因共有的不动产或者动产产生的债权债务，在对外关系上，共有人享有连带债权、承担连带债务，但法律另有规定或者第三人知道共有人不具有连带债权债务关系的除外。

(3) 丙无权主张乙和丁的财产份额转让合同无效。根据规定，按份共有人转让其享有的共有的不动产或者动产份额时，其他按份共有人以其优先购买权受到侵害为由，仅请求撤销共有份额转让合同或者认定该合同无效，不予支持。

【案例 9 答案】

(1) 乙银行主张厂房转让不发生物权效力符合法律规定。根据规定，当事人约定禁止或者限制转让抵押财产且已经将约定登记，抵押人违反约定转让抵押财产，抵押财产已经交付或者登记，抵押权人主张转让不发生物权效力的，人民法院应予支持，但是因受让人代替债务人清偿债务导致抵押权消灭的除外。

(2) 李某在 7 月 11 日取得厂房的所有权。根据规定，因人民法院、仲裁机构的法律文书或者人民政府的征收决定等，导致物权设立、变更、转让或者消灭的，自法律文书或者征收决定等生效时发生效力。人民法院在执行程序中作出的拍卖成交裁定书属于导致物权设立、变更、转让或者消灭的人民法院的法律文书。

(3) 丁银行主张对出售给戊公司的库存商品实现抵押权不符合法律规定。根据规定，以动产抵押，不得对抗正常经营活动中已经支付合理价款并取得抵押财产的买受人。

专题四　金融法律制度

【案例 1 答案】

（1）丙公司拒绝付款的理由不成立。根据规定，背书日期是相对记载事项，未在汇票上记载背书日期的，视为汇票到期日前背书。

（2）出票人甲公司为被保证人。根据规定，未在汇票上记载被保证人名称的，已承兑的汇票，承兑人为被保证人；未承兑的汇票，出票人为被保证人；汇票上未记载付款日期的，视为见票即付。在本题中，由于该商业汇票是见票即付的，无须承兑，故出票人甲公司为被保证人。

（3）丁公司可向甲公司、乙公司、戊公司行使追索权。

【案例 2 答案】

（1）甲银行拒绝向持票人 D 公司承担票据责任的理由不成立。根据规定，票据上有伪造签章的，不影响票据上其他真实签章的效力；付款人承兑汇票后，应当承担到期付款的责任。

（2）C 公司拒绝向持票人 D 公司承担票据责任的理由成立。根据规定，被伪造人在票据上没有真实签章，无须承担票据责任。

（3）B 公司拒绝向持票人 D 公司承担票据责任的理由不成立。根据规定，持票人行使首次追索权，可以请求被追索人支付的金额和费用包括：①被拒绝付款的汇票金额；②汇票金额自到期日或者提示付款日起至清偿日止，按照中国人民银行规定的利率计算的利息；③取得有关拒绝证明和发出通知书的费用。

（4）乙拒绝向持票人 D 公司承担票据责任合法。根据规定，伪造人没有以自己的名义签章，不承担票据责任。但如果伪造人的行为给他人造成损害的，必须承担民事责任；构成犯罪的，还应承担刑事责任。

【案例 3 答案】

（1）乙公司提示承兑的时间符合法律规定。根据规定，见票后定期付款的商业汇票应当自出票日起一个月内提示承兑。在本题中，出票日期为 2023 年 3 月 5 日，提示承兑日期为 2023 年 3 月 25 日，符合时间要求。

（2）乙公司的背书转让行为有效。根据规定，背书不得附有条件，背书时附有条件的，所附条件不具有汇票上的效力。

（3）乙公司拒绝戊公司追索的理由不成立。根据规定，票据债务人（乙公司）不得以自己与持票人的前手（丁公司）之间的抗辩事由，对抗持票人（戊公司）。但是，持票人明知存在抗辩事由而取得票据的除外。

（4）乙公司拒绝丁公司再追索的理由成立。根据规定，票据债务人可以对不履行约定义务的与自己有直接债权债务关系的持票人进行抗辩。

【案例 4 答案】

（1）A 银行的拒付理由不成立。根据规定，背书人未记载被背书人名称即将票据交付他人的，持票人在票据被背书人栏内记载自己的名称与背书人记载具有同等法律效力。

（2）丁公司拒绝戊公司追索的理由不成立。根据规定，持票人应当自收到被拒绝承兑或者被拒绝付款的有关证明之日起 3 日内，将被拒绝事由书面通知其前手。如未按照规定期限通知的，持票人仍可以行使追索权。但因延期通知给其前手造成损失的，由没有按照规定期限通知的汇票当事人承担赔偿责任，所赔偿的金额以汇票金额为限。

（3）丙公司拒绝戊公司追索的理由成立。根据规定，背书人在汇票上记载“不得转让”字样，其后手再背书转让的，原背书人（丙公司）对后手的被背书人（戊公司）不承担保证责任。

【案例 5 答案】

（1）甲公司在支票上记载付款日期为 2023 年 2 月 28 日无效。根据规定，支票限于见票即付，不得另行记载付款日期，另行记载付款日期的，该记载无效。

（2）乙公司可以授权丙公司补记收款人名称。根据规定，支票上未记载收款人名称的，出票人既可以授权收取支票的相对人补记，也可以由相对人再授权他人补记。

（3）A 银行拒绝付款的理由成立。根据规定，支票的持票人应当自出票日起 10 日内提示付款；超过提示付款期限提示付款的，付款人可以不予付款。在本题中，出票日期为 2023 年 2 月 14 日，2 月 28 日提示付款，超过了规定的提示付款期。

【案例 6 答案】

（1）甲保险公司不得以韩梅梅违反如实告知义务为由拒绝赔偿。根据规定，投保人故意或者因重大过失未履行如实告知义务，足以影响保险人决定是否同意承保或者提高保险费率的，保险人有权解除合同。但是，自合同成立之日起超过 2 年的，保险人不得解除合同；发生保险事故的，保险人应当承担赔偿或者给付保险金的责任。在本题中，合同成立时间为 2021 年 1 月，事故发生时间为 2023 年 2 月，已经超过 2 年。

（2）甲保险公司不得以韩梅梅丧失保险利益为由主张保险合同无效。根据规定，人身保险合同订立后，因投保人丧失对被保险人的保险利益，当事人主张保险合同无效的，人民法院不予支持。

（3）甲保险公司不得以受益人故意造成保险事故为由拒绝赔偿。根据规定，受益人故意造成被保险人死亡、伤残、疾病的，或者故意杀害被保险人未遂的，该受益人丧失受益权。受益人丧失受益权且没有其他受益人的，保险金作为被保险人的遗产。

【案例 7 答案】

（1）甲保险公司可以赵某未履行危险增加的通知义务而拒绝赔付。根据规定，在合同有效期内，保险标的的危险程度显著增加的，被保险人应当按照合同约定及时通知保险人；被保险人未履行危险程度增加的通知义务的，因保险标的危险程度显著增加而发生的保险事故，保险人不承担赔偿保险金的责任。

（2）甲保险公司的第（3）项理由不成立。根据规定，被保险人、受让人依法及时向保险人发出保险标的转让通知后，保险人作出答复前，发生保险事故，被保险人或者受让人主张保险人按照保险合同承担赔偿保险金的责任的，人民法院应予支持。

（3）赵某主张免责条款不成为合同内容不符合法律规定。根据规定，保险人已向投保人履行了保险法规定的提示和明确说明义务，保险标的受让人以保险标的转让后保险人未向其提示或者明确说明为由，主张免除保险人责任的条款不成为合同内容的，人民法院不予支持。

专题五 跨章节综合题

【案例 1 答案】

（1）甲公司拒绝戊公司追索的理由成立。根据规定，背书人在汇票上记载“不得转让”字样，其后手再背书转让的，原背书人对后手的被背书人不承担保证责任。

（2）丁公司拒绝戊公司追索的理由成立。根据规定，票据债务人可以对不履行约定义务的与自己有直接债权债务关系的持票人进行抗辩。

（3）甲公司请求确认乙公司的转让行为不发生物权转移效力，人民法院不予支持。根据规定，当事人约定禁止转让抵押财产但是未将约定登记，抵押人违反约定转让抵押财产，抵押财产已经交付，抵押权人请求确认转让不发生物权效力的，人民法院不予支持，但是抵押权人有证据证明受让人知道的除外。在本题中，受让人吴某是善意第三人，因此能够取得抵押物的所有权。

（4）甲公司无权主张解除和乙公司的设备买卖合同。根据规定，分期付款的买受人未支付到期价款的金额达到全部价款的1/5，经催告后在合理期限内仍未支付到期价款的，出卖人可以请求买受人支付全部价款或者解除合同。在本题中，未支付的只有1/6，尚未达到1/5。

（5）甲公司有权主张就吴某购买的轿车行使抵押权。根据规定，抵押期间，抵押人转让抵押财产的，抵押权不受影响。

（6）股东会关于解散公司的决议不能通过。根据规定，有限责任公司股东会会议作出解散公司的决议，必须经代表2/3以上表决权的股东通过。股东会会议由股东按照出资比例行使表决权；但是，公司章程另有规定的除外。在本题中，赞成的仅占全部表决权的60%，不足2/3。

【案例 2 答案】

（1）赵某的观点不符合法律规定。根据规定，按份共有人，可以自由转让其共有份额，除非共有人之间另有约定。

（2）李某要求甲公司返还汽车，人民法院不予支持。按份共有人处分共有的动产或者不动产的，应当经占份额 2/3 以上的按份共有人同意，但是共有人之间另有约定的除外。无处分权人将动产或者不动产转让给受让人，除法律另有规定外，符合下列情形的，受让人取得该动产或者不动产的所有权：①受让人受让该动产或者不动产时是善意；②以合理的价格转让；③转让的动产已经交付给受让人，不动产已经办理过户登记。在本题中，赵某和钱某的份额仅占 60%，构成无权处分，但甲公司符合善意取得制度，能够取得汽车的所有权。

（3）P 银行拒绝付款的理由符合法律规定。根据规定，支票的持票人应当自出票日起 10 日内提示付款。超过提示付款期限的，付款人可以不予付款。

（4）甲公司拒绝承担票据责任的理由不符合法律规定。根据规定，支票的持票人超过提示付款期限的，付款人可以不予付款，出票人仍应当对持票人承担票据责任。

（5）甲公司董事会的决议符合法律规定。根据规定，未经股东会或者股东大会同意，董事、高级管理人员不得利用职务便利为自己或者他人谋取属于公司的商业机会，自营或者为他人经营与所任职公司同类的业务。董事、高级管理人员违反前述规定所得的收入应当归公司所有。

（6）陆某有权以自己的名义直接向人民法院提起诉讼。根据规定，董事、高级管理人员执行公司职务时违反法律、行政法规或者公司章程的规定，给公司造成损失的，有限责任公司的股东可以书面请求监事会向人民法院提起诉讼。监事会自收到请求之日起 30 日内未提起诉讼，股东有权为了公司的利益以自己的名义直接向人民法院提起诉讼。

【案例 3 答案】

（1）P 银行拒绝付款的理由不成立。根据规定，汇票上未记载付款日期，视为见票即付，并未导致票据无效。

（2）黄某拒绝承担保证责任的理由不成立。根据规定，保证人在汇票或者粘单上未记载被保证人名称的，未承兑的汇票，出票人为被保证人，故不影响保证行为的效力。

（3）孙某的抗辩理由（1）不成立。根据规定，约定的保证期间早于主债务履行期限或者与主债务履行期限同时届满的，视为没有约定。没有约定或者约定不明确的，保证期间为主债务履行期限届满之日起 6 个月。

（4）孙某的抗辩理由（2）成立。根据规定，被担保的债权既有物的担保又有人的担保，债务人不履行到期债务或者发生当事人约定的实现担保物权的情形，债权人应当按照约定实现债权；没有约定或者约定不明确，债务人自己提供物的担保的，债权人应当先就该物的担保实现债权。

（5）秦某的租赁合同不会受到戊公司抵押权实现的影响。根据规定，抵押权设立前，抵押财产已经出租并转移占有的，原租赁关系不受该抵押权的影响。

（6）钱某将其股权转让给武某符合法律规定。根据规定有限责任公司股东向股东以外的人转让股权，应当经其他股东过半数同意。股东应就其股权转让事项书面通知其他股东征求同意，其他股东自接到书面通知之日起满三十日未答复的，视为同意转让。公司章程对股权转让另有规定的，从其规定。在本题中，赵某明示同意、李某视为同意，符合其他股东过半数的要求。

❖中教科（保定）印刷股份有限公司